趣学法语

零基础入门

〔法〕LÉA HUANG　编著

潭州教育教研中心　周有贵　组编

图书在版编目(CIP)数据

趣学法语:零基础入门/〔法〕黄琬纯编著.—南京:东南大学出版社,2019.9
 ISBN 978-7-5641-8358-5

Ⅰ.①趣… Ⅱ.①黄… Ⅲ.①法语-教材 Ⅳ.①H32

中国版本图书馆CIP数据核字(2019)第066454号

趣学法语:零基础入门
Quxue Fayu: Lingjichu Rumen

编 著 者	〔法〕黄琬纯(LÉA HUANG)
出版发行	东南大学出版社
出 版 人	江建中
社　　址	南京市四牌楼2号
邮　　编	210096
印　　刷	南通印刷总厂有限公司
开　　本	787mm×1092mm　1/16
印　　张	12.75
字　　数	295千字
版　　次	2019年9月第1版
印　　次	2019年9月第1次印刷
书　　号	ISBN 978-7-5641-8358-5
定　　价	48.00元

(本社图书若有印装质量问题,请直接与营销部联系。电话:025-83791830)

序言

打开本书的那一刻,我希望书前的你能够问问自己:我为什么想学法语?留学、工作、还是移民?抑或是出于个人爱好?无论哪种理由,要想深入了解法国文化,融入法国生活,学好法语是必须要迈过去的门槛。语言是有生命力和个性的,它在进入你头脑的同时也将会渐渐地改变你的思维方式。想要学好一门语言,需要大量的词汇积累、足够的听力练习以及良好的法国文化知识底蕴。但在这之前,一个先决条件是要先喜欢上它。在学习的过程当中,你要学会用自己的心去倾听,用自己的嘴去朗读,当你最终能够发出漂亮的小舌音时,你的内心一定会充满自信和愉悦之情,你也会因此而有了深入学习法语的动力和信心。那一刻的你,我相信就和当年的我一样,会爱上这个语言和它所蕴含的无限魅力。我希望眼前求知若渴的你,不单单是满足于向陌生人说一句"bonjour"。在书的后半段,我们可以一起去到 Cambon 大街,探究 Coco Chanel 的前世今生;在泥地里面打滚,和臭烘烘而又可爱的 cochon 一起寻找松露最原始的美味;在爱丽舍宫和历史上最浪漫的总统一起来品下午茶,八卦一下他的传奇人生。短短的几百页也许不够我们深入地了解这个国家的一切,但是,我却希望可以借此为你打开一扇通往异国情调的大门,能够使你触碰到它的芬芳。而关于它的更多奥秘,就希望眼前的你能够自己去探究了。

本教材是为因兴趣、第二外语或工作需求而学习法语的学生所编写的一套速成教材。本教材分上、中、下三册,框架清晰、知识点明确,课后练习灵活、趣味性强,部分练习内容在考察教材内容的基础上对每课相关知识进行扩充。为方便学生阅读理解,正课的法文均配有中文译文,收录在全书结尾部分。本教材在确保实用性和趣味性的同时,也不乏专业性,既可配套潭州教育法语课程在线课程使用,也可作为自学教程使用。和传统的课堂教育不同,自学或者远程教育对学生的自律能力会有更高的要求,所以我们不仅选取了更加有趣且接地气的对话、课文和有趣的小知识让学习过程不再枯燥乏味,同时我们也对相关知识点做了详尽的说明,可以让自学的同学也不会过于迷茫而无从下手,并为自己这门兴趣爱好,或是新的技能一直坚持下去。我们还制作了丰富而富有挑战性的习题,涉及语音、词汇、语法等各个方面用于自测。如果加入我们的在线课程,也可以在任何问题上得到潭州教育所有老师的鼎力协助和热情回答。

感谢潭州法语老师王能青和王杨婷参与了本教材部分内容的校对工作。同时也谢谢我的家人,我的先生能够在我无比繁忙的时候无条件地支持我。

根据《高等学校法语专业基础阶段教学大纲》编写一套法语教材是一项十分繁重和艰巨的科研活动,难度甚大。本书虽然结合了线上和线下的诸多优点,并经过了反复实践和修改,但因时间和编者经验所限,书中疏漏之处在所难免,我们虚心接受使用者及同行、专家们的批评指正。

Léa Huang

2019年3月

Les temps grammaticaux 语法时态 / 001
Abréviations 缩略语表 / 002

Leçon 0　Phonétiques 语音

Alphabet français 法语字母 / 003
Connaissances de phonétique 语音知识 / 003
Prononciation des voyelles 元音发音 / 004
Prononciation des consonnes 辅音发音 / 006
Prononciation des semi – voyelles 半元音发音 / 007
Règles de prononciation 发音规则 / 007
Exercices 习题 / 008
Lexique complémentaire – Le temps 时间 / 010

Leçon 1　Bonjour 你好

Vocabulaire 词汇 / 012
Grammaire 语法 / 014
　　Les pronoms personnels 人称代词 / 014
　　L'article défini et indéfini 定冠词和不定冠词 / 014
　　Le nom 名词 / 014
　　L'accord de l'attribut du sujet 主语与表语的配合 / 016
Conjugaison 动词变位 / 016

Exercices 习题 / 017

Lexique complémentaire – Les adjectifs numéraux cardinaux et ordinaux 基数词和序数词(1) / 019

Leçon 2　Bienvenue 欢迎

Vocabulaire 词汇 / 022

Grammaire 语法 / 024

 Les adjectifs possessifs 主有形容词 / 024

 Les prépositions à et de 介词 à 和 de / 024

 否定句 ne pas 以及介词 de 在否定句中的使用 / 025

 Le présent de l'indicatif des verbes du 1er groupe 第一组动词的直陈式现在时 / 025

Conjugaison 动词变位 / 026

Exercices 习题 / 027

Lexique complémentaire – Les adjectifs numéraux cardinaux et ordinaux 基数词和序数词 (2) / 031

Leçon 3　J'aime le français 我爱法语

Vocabulaire 词汇 / 035

Grammaire 语法 / 037

 Les adjectifs 形容词 / 037

 Les articles contractés 缩合冠词 / 038

 Le passé récent 最近过去时 / 038

 Le future proche 最近将来时 / 038

Phrase interrogative 疑问句 / 039

Conjugaison 动词变位 / 040

Exercices 习题 / 040

Conversation – Aller à la bibliothèque / 045

Lexique complémentaire – L'astrologie 星相学 / 047

Leçon 4   Les rencontres 相遇

Vocabulaire 词汇 / 051

Grammaire 语法 / 053

    Les pronoms personnels toniques 重读人称代词 / 053

    Les adjectifs démonstratifs 指示形容词 / 054

    Omission de l'article 冠词的省略 / 054

    Le présent de l'indicatif des verbes du 2nd groupe 第二组动词的直陈式现在时变位 / 055

Conjugaison 动词变位 / 055

Compréhension orale 听力练习 / 056

Exercices 习题 / 055

Lecture – Pendaison de crémaillère / 062

Lexique complémentaire – Les expressions, les émotions et la personnalité 表达、情感与个性 / 064

Palier 1   阶段复习   / 066

Leçon 5   Le nouveau travail 新工作

Vocabulaire 词汇 / 074

Grammaire 语法 / 076

    Les articles partitifs 部分冠词 / 076

    Le pronom adverbial «en» 副代词en / 076

    Les adjectifs interrogatifs et exclamatifs 疑问形容词和感叹形容词 / 077

    Les éléments d'une phrase 句子的主要成分 / 078

Conjugaison 动词变位 / 079

Compréhension orale 听力练习 / 079

Exercices 习题 / 080

Lecture – Tu viens avec nous? / 084

Lexique complémentaire – Les passe-temps et les loisirs / 086

Leçon 6 Les études 学习

Vocabulaire 词汇 / 091

Grammaire 语法 / 093

    La forme impersonnelle 无人称形式 / 093

    Le présent progressif 现在进行时 / 094

    Le pronom adverbial «y» 副代词"y" / 094

    L'impératif 命令式 / 095

Conjugaison 动词变位 / 096

Compréhension orale 听力练习 / 096

Exercices 习题 / 097

Conversation 1 – Quelle heure est – il? / 103

Conversation 2 – Comment cela se passe-t-il? / 103

Lexique complémentaire – La météo 天气预报 / 106

Leçon 7 Ma famille 我的一家子

Vocabulaire 词汇 / 110

Grammaire 语法 / 113

    Les verbes pronominaux 代词式动词 / 113

    Les verbes transitifs et intransitifs 及物动词和不及物动词 / 114

    Le pronom personnel complément d'objet direct (COD) 直接宾语人称代词 / 114

    Le pronom personnel complément d'objet indirect (COI) 间接宾语人称代词 / 115

Compréhension orale 听力练习 / 116

Exercices 习题 / 117

Lecture – Qu'est-ce que tu fais pour rester en forme? / 121

Lexique complémentaire – La vie quotidienne 日常生活 / 123

Leçon 8　Le week-end 周末

Vocabulaire 词汇 / 127

Grammaire 语法 / 129

    Les pronoms possessifs 主有代词 / 129

    Le participe passé 过去分词 / 129

    Le passé composé 复合过去时 / 130

    L'accord du participe passé 过去分词的配合 / 131

Compréhension orale 听力练习 / 133

Exercices 习题 / 134

Dialogue A – À la pharmacie / 139

Dialogue B – La consultation chez le médecin / 139

Lexique complémentaire – Les objets quotidiens 日用品 / 143

Palier 2　阶段复习 2 / 144

Les signes de ponctuation 标点符号 / 153

Les nombres les plus courants 常用数字 / 154

Conjugaison des verbes irréguliers 不规则动词变位表 / 156

Vocabulaire 总词汇表 / 162

Traduction pour vous aider 课文译文 / 172

Corrigés des exercices 习题答案 / 181

Transcription de la comprehension orale 听力文本 / 191

Les temps grammaticaux
语法时态

Indicatif 直陈式

4 temps simples 四个简单形式		4 temps composés 四个复合形式	
Présent	直陈式现在时	Passé composé	复合过去时
Imparfait	未完成过去时	Plus-que-parfait	愈过去时
Passé simple	简单过去时	Passé antérieur	先过去时
Futur simple	简单将来时	Futur antérieur	先将来时

Subjonctif 虚拟式

2 temps simples 两个简单形式		2 temps composés 两个复合形式	
Présent	虚拟式现在时	Passé	虚拟式过去时
Imparfait	虚拟式未完成过去时	Plus-que-parfait	虚拟式愈过去时

Conditionnel 条件式

1 temps simple 一个简单形式		1 temps composé 一个复合形式	
Présent	条件式现在时	Passé	条件式过去时

Impératif 命令式

1 temps simple 一个简单形式		1 temps composé 一个复合形式	
Présent	命令式现在时	Passé	命令式过去时

Autres temps：Temps construits à partir de semi-auxiliaires conjugués au présent de l'indicatif.
其他时态：由半助动词的直陈式现在时变位构成的时态。

Passé récent 最近过去时：venir de + infinitif
Présent progressif 现在进行时：être en train de + infinitif
Futur proche 最近将来时：aller + infinitif, être sur le point de + infinitif

Abréviations

缩略语表

adj. = adjectif 形容词	art.contr. = article contracté 缩合冠词
adj.exclam. = adjectif exclamatif 感叹形容词	conj. = conjonction 连词
adj.indéf. = adjectif indéfini 泛指形容词	cond. = conditionnel 条件式
adj.interr. = adjectif interrogatif 疑问形容词	ind. = indicatif 直陈式
adj.num.ord. = adjectif numéral ordinal 序数形容词	inf. = infinitif 动词不定式
adj.poss. = adjectif possessif 主有形容词	subj. = subjonctif 虚拟式
pron.= pronom 代词	interj. = interjection 感叹词
pron.dém. = pronom démonstratif 指示代词	loc. = locution 短语
pron.indéf. = pronom indéfini 泛指代词	loc.adv. = locution adverbiale 副词短语
pron.interr. = pronom interrogatif 疑问代词	loc.prép. = locution prépositive 介词短语
pron.pers. = pronom personnel 人称代词	loc.verb. = locution verbale 动词短语
pron.poss. = pronom possessif 主有代词	loc.con. = locution conjonctive 连词短语
pron.adv. = pronom adverbial 副代词	inv. = invariable 不变的
v.t. = verbe transitif 及物动词	sing. = singulier 单数的
v.i. = verbe intransitif 不及物动词	pl. = pluriel 复数的
v.impers. = verbe impersonnel 无人称动词	p.p. = participe passé 过去分词
v.pr. = verbe pronominal 代词式动词	n. = nom 名词
v.t.dir. = verbe transitif direct 直接及物动词	n.f. = nom féminin 阴性名词
v.t.ind. = verbe transitif indirect 间接及物动词	n.m. = nom masculin 阳性名词
adv. = adverbe 副词	qch. = quelque chose 某事(物)
adv.interr. = adverbe interrogatif 疑问副词	qn. = quelqu'un 某人
art. = article 冠词	prép. = préposition 介词

Leçon 0　Phonétiques / 语音

Alphabet français　法语字母

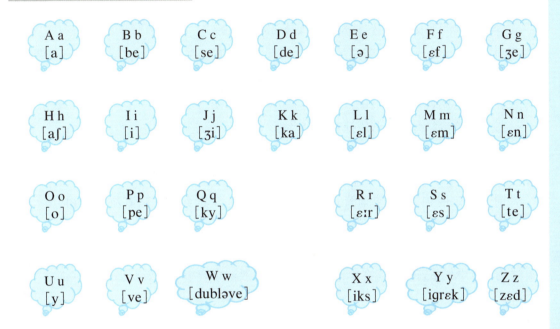

Connaissances de phonétique　语音知识

◎ 法语音符（Les accents en français）共有五种，只出现在元音字母（a, e, i, o, u, y）上。

　☆ L'accent aigu 闭音符：只在字母 e 上出现 é。例如，été 夏天，vérité 真相。

　☆ L'accent grave 开音符：出现在字母 a, e, u 上，即 à, è, ù。例如，mère 母亲，là-bas 那里，où 哪里。

　☆ L'accent circonflexe 长音符：出现在除 y 的所有元音上，即 â, ê, ô, î, û。例如：âne 驴子，fête 节日，hôpital 医院，île 岛屿，août 八月。

　☆ Le tréma 分音符：用来分开相连的两个元音。法语中有分音符的单词并不多，其中绝大部分出现在字母 e 和 i 上（极少数词中会有 ü 和 ÿ）。例如：Noël 圣诞节，maïs 玉米。

　☆ La cédille 软音符：出现在字母 c 下面，在 a, o, u 字母前发 [s]。例如：garçon 男孩，français 法语。

◎ 音素（phonème）是最小的语音单位，音标由音素组成。法语共有35个音素，可分为：
  ☆ 15个元音（voyelle）。
    [a] [e] [o] [u] [y] [i] [ɛ] [ø] [ə] [œ] [ɔ] [ɛ̃] [œ̃] [ɑ̃] [ɔ̃]
    最后四个为鼻化元音（voyelle nasale）。
  ☆ 17个辅音（consonne）。
    [p] [s] [z] [t] [k] [f] [b] [d] [g] [v] [l] [r] [m] [n] [ʃ] [ɲ] [ʒ]
  ☆ 半元音：[ɥ] [w] [j]。
    半元音也可称为半辅音（semi-voyelle/semi-consonne）。

◎ 音节（syllabe）：一个元音音素构成一个音节，法语单词由音节构成。一个法语单词可以有一个或者几个音节。
  ☆ 开音节与闭音节。
  ─ 以元音音素结尾的音节叫开音节。
  ─ 以辅音音素结尾的音节叫闭音节。

◎ 清辅音与浊辅音（les consonnes sourdes et les consonnes sonores）。
  清辅音是口腔内发音，浊辅音是声带振动发音。法语共有6对清浊辅音组合：[p-b] [t-d] [k-g] [f-v] [s-z] [ʃ-ʒ]。

◎ 重音
  法语语音中的重音一般落在单词或者词组的最后一个音节上。如：accent [ak-'sɑ̃]。

Prononciation des voyelles 元音发音

元音	[a]	字母 a, à, â 少数 emm 或者 enn 中	la, là, âne femme, solennel
	[e]	é er, ez 在词尾 es 在少数单音节词 ai 在动词中和少数词中 e 在不发音的 d, ds 前	bébé, été aller, parler, nez, chez les, mes, des j'ai, quai pied, assieds
	[ɛ]	è, ê, ë e 在闭音节中 e 在相同的辅音字母前 字母组合 ai, aî, ei, ay, ey et, êt, ect 在词末	mère, fête, Noël sel, mer, sec baquette, cette, lunette air, maître, neige, Orsay, trolley filet, gilet, arrêt, respect
	[i]	i, î, ï, y	Lille, île, naïf, stylo
	[u]	ou, où, oû, aoû	nous, où, coût, août

Leçon 0　Phonétiques / 语音

元音	[y]	u, û, eu 在动词 avoir 的某些变位中	sur, sûr, lune j'ai eu, j'eus
	[o]	ô au, eau o 在词末开音节中 o 在 [z] 音前	chômage, hôtel animaux, gauche, cause, beaucoup mot, pot, stylo, photo rose, oser
	[ɔ]	o 在词首或词中 o 在闭音节中（[z] 音前除外） oi 在个别词中 um 在词末（parfum 除外）读 [ɔm]	or, occuper, comme, photo col, loge, Europe oignon, encoignure forum, album, maximum
	[ə]	e 在词首开音节 e 在单音节词尾 e 在"辅辅 e 辅元"中 ai 在动词 faire 以及相关的变词中 on 在个别词中	demi, repas ce, de, le mercredi, vendredi faisons, satisfaisant monsieur
	[ø]	eu, œu 在词末开音节中 eu 在词首开音节中 eu 在 [z] 音前	deux, nœud, pleut euro, Europe fameuse, chanteuse, creuser
	[œ]	字母组合 eu, œu, œ c/g + ueil 其他少数词中	seul, heure, cœur, œil accueil, orgueil club, T-shirt
	[ã]	an, am en, em en + 元音, 在少数词首 en 在 m, n 前, 并在词首 aon 在少数词中 aen 在地名中	dans, banque, champ lent, ensemble, inconvénient, orient enivrer, enamourer ennui, enneiger, emmener paon, taon Caen
	[ɔ̃]	on, om	mon, tonton, honte
	[ɛ̃]	in, im yn, ym ain, aim ein, eim en 在字母 e, i, y 之后 en 在少数其他情况下 en 在某些法语地名中	Quentin, Tintin, simple, syntaxe, sympathique, symbole Alain, faim Reims, bain coréen, européen, moyen examen, agenda Amiens
	[œ̃]	un, um（后无元音字母或者 n, m） um 在个别词末 eun 在个别词中	un, chacun, humble parfum à jeun

Prononciation des consonnes 辅音发音

	音标	字母	例词
辅音	[p]	字母 p, pp	papa, nappe
	[s]	c 在 e, i, y 前	ce, ici, ciel, science, scène
		ç	ça, garçon, façon
		s 不在两个元音字母之间, ss	sac, salut, classe, pousser
		ti+元音(sti 除外)	initiative, partiel, démocratie
		x 在少数词中	six, dix
	[z]	z	zone, nazi
		s 在两个元音字母之间	Asie, rose
		x 在两个元音之间	deuxième
	[t]	t, tt, th	table, dette, tête, rythme, thèse
	[k]	k, ck, qu	kaki, ticket, boutique
		c, cc 在 a, o, u 及辅音字母前	sac, classe, occupé, coq
		ch 在少数单词中	technique, Chloé, charisme
		c, q 在词末	coq, lac
		x 以及 cc 在 e, i 前读 [ks]	taxi, texte, excité, Max
	[f]	f, ff, ph	fac, file, effet, physique
	[b]	b, bb	bébé, bilan, abbé
	[d]	d, dd	date, dos, addition
		d 在少数词尾	David, sud
	[g]	g 在 a, o, u 以及辅音字母前	gauche, golf, gare, goût, glisser
		gu 在 e, i, y 前	baguette, guide, Guy
	[v]	v	vive, vache, voter
	[l]	l, ll	lit, lac, Lille, salle, animal
	[r]	r, rr	rare, rire, serre, terrible
	[m]	m, mm	mur, masse, femme
	[n]	n, nn, mn	ni, nul, année, ennui, automne
	[ʃ]	ch, sch, sh	chat, Chine, schéma, Shenzhen
	[ɲ]	gn	signe, campagne, peigne, ligne
	[ʒ]	j	jupe, Jacques, jour
		g 在 e, i, y 前	gel, gilet, gym
		ge 在 a, o 前	geôle, Georges, mangeons

Leçon 0 Phonétiques / 语音

Prononciation des semi-voyelles 半元音发音

半元音	[ɥ]	u在元音前	huit, nuit
	[w]	ou在元音前	oui, douane
		w在少数词中	whisky
		oi 读 [wa]	loi, moi, oiseau
		oin 读 [wɛ̃]	loin, moins, point
	[j]	字母i或y在元音前	lier, lion, cahier, Lyon
		il在词末且在元音后	travail, œil, bail
		ill在元音后	caillou, mouiller
		ill在辅音后读 [ij]	fille, famille
		辅音群 + i + 元音读 [ij]	ouvrier, plier
		y前后均为元音字母时，y = i + i，第一个i与前面的元音字母发组合音，第二个i发 [j]	crayon, essayez, appuyer

Règles de prononciation 发音规则

◎ 字母h不发音

☆ 辅音字母h永不发音，但有嘘音(h aspiré)和哑音(h muet)的区别。
☆ 当词首是哑音h时，需和前面的词省音或联诵。
☆ 当词首是嘘音h时，无需和前面的词省音或联诵。

◎ 相同的两个辅音字母在一起，只发一个辅音

如：elle [ɛl], Lille [lil], Anne [an], femme [fam]。

◎ 词尾不发音

☆ 元音字母e上如无符号，在词末一般不发音。如：arbre, table。
☆ 词末的辅音字母除c, f, l, q, r以及ct外一般不发音(特殊情况除外)。
如：paix [pɛ] (和平), mais [mɛ] (但是), lait [lɛ] (奶)。

◎ 联诵 Liaison

辅音字母在词尾一般不发音，但如果后面紧跟一个以元音或哑音h开头的单词，此时不发音的辅音词尾要和后面的元音连读，组成一个新的音节，叫联诵。

如：un arbre [œ̃-narbr], un grand homme [œ̃-grɑ̃-dɔm]。

例外:连词et读 [e],它的字母t不能和后面的词联诵。如:et elle [e-εl]。

在联诵中,有些字母要改变原来的发音:

— s, x 读[z]: les yeux [le-zjø], deux heures [dø-zœr]。

— d 读 [t]: quand il regarde [kɑ̃-til-rəgard]。

— f 读 [v]: neuf heures [nœ-vœr], neuf ans [nœ-vɑ̃]。

◎ 省音 L'élision

少数以元音字母结尾的单音节单词,常和下一词的词首元音(包括哑音h后面的元音)合读成一个音节,从而省去单音节单词词末的元音字母,这种现象被称为省音。省去的元音字母用省音撇" ' "代替。

如:c'est = ce + est;l'heure = la +heure。

si 只与 il 省音,与 elle,on 等其他词不省音。

九个以 e 结尾的单音节词 ce, de, je, me, ne, que, se, te, le 遵循这一规则。此外 la, si, jusque, lorsque, presque, puisque 等词也有省音现象。

◎ 重叠辅音(les consonnes géminées)

重叠辅音是指一个词的词末辅音与下一个词的词首辅音相同,或同一个词中两个相同辅音紧密相连。第一个辅音发出后没有停顿,立即发出第二个辅音。如:

— une nuit/nouvelle/nappe

— pour rentrer/refaire/retirer

— par respect/rail/radio

— bonne nuit

— Donne-nous du pain.

— Elle l'a.

Exercices 习题

I. Lisez les sigles suivants. 读出下列字母缩写。

USB	U盘	OGM	转基因食品	ONU	联合国
UE	欧盟	BNP	巴黎银行	TVA	增值税
SMIC	法国最低工资	LCL	里昂信贷银行	HLM	廉租房
RER	巴黎大区快铁	TF1	法国电视一台	PC	个人电脑
PME	中小型企业	RFI	法国国际广播电台	OMC	世贸组织
HEC	巴黎高等商学院	JO	奥运会	OCDE	经合组织

Leçon 0 Phonétiques / 语音

II. Lisez les mots suivants. 读出下列单词。

une fraise	草莓	les Champs-Élysées	香榭丽舍大街
un stylo	笔	un chien	狗
du fromage	奶酪	un chaton	小猫
une pomme	苹果	les produits de soin	护肤品
la France	法国	l'huître	生蚝
la tour Eiffel	埃菲尔铁塔	les Galeries Lafayette	老佛爷百货
un verre	杯子	le musée du Louvre	卢浮宫
du foie gras	(鹅)肝	la Seine	塞纳河
du champagne	香槟	Londres	伦敦
du vin rouge	红酒	une pyramide	金字塔
la lavande	薰衣草		

III. Lisez les phrases. 读一读下面的句子。

C'est ma chambre.
这是我的房间。
À demain.
明天见。
Nous sommes lundi.
今天星期一。
Au revoir, monsieur.
再见，先生。

Bonne soirée.
祝您晚上愉快。
Bonne nuit, fais de beaux rêves.
晚安，好梦。
À tout à l'heure.
一会见。
Tant pis !
算了！

IV. Lisez les membres de famille. 读一读家庭成员。

我的父亲	mon père	我的堂姐妹	ma cousine
我的母亲	ma mère	我的侄子	mon neveu
我的兄弟	mon frère	我的侄女	ma nièce
我的姐妹	ma sœur	我的爷爷外公	mon grand-père
我的堂兄弟	mon cousin	我的奶奶外婆	ma grand-mère

V. Singulier et pluriel, non prononciation de la désinence. 单复数词尾不发音。

兄弟	un frère	des frères
姐妹	un professeur	des professeurs
医生	un médecin	des médecins
公寓	un appartement	des appartements
家用小汽车	une voiture	des voitures
眼睛	un œil	des yeux

VI. Lisez les noms des marques de luxe suivantes. 读一读以下奢侈品牌的名字。

Hermès 爱马仕	L'Oréal 欧莱雅
Louis Vuitton 路易威登	Avène 雅漾
Christian Dior 简称 Dior 迪奥	L'Occitane 欧舒丹
Chanel 香奈儿	LACOSTE 鳄鱼品牌
Lancôme 兰蔻	Gucci 古驰
Sisley 希思黎	Miumiu 缪缪
Givenchy 纪梵希	Dolce&Gabbana 多尔切与加巴纳简称D&G
Saint Laurent Paris (Yves Saint Laurent) 圣罗兰	Prada 普拉达
	Versace 范思哲
Guerlain 娇兰	Fendi 芬迪
Biotherm 碧欧泉	Giorgio Armani 乔治·阿玛尼
Clarins 娇韵诗	Roger Vivier 罗杰·维维亚
Longchamp 珑骧	Furla 芙拉

VII. Les virelangues. 法语绕口令。

Dans ta tente, ta tante t'attend. 你的姑姑在帐篷里等你。

Trois gros rats gris dans trois gros trous ronds rongent trois gros croûtons ronds.

三只灰色的肥老鼠在三个又大又圆的窟窿里啃咬三块又大又圆的面包块。（三只灰鼠偷食粮，大圆面包洞里藏，灰鼠肥圆吃得香）

Poisson sans boisson, c'est poison ! 有鱼没饮料，就是毒药！

Lexique complémentaire – Le temps 时间

Les saisons 季节	mercredi 星期三	dimanche 星期日
le printemps 春天(au printemps 在春天)	jeudi 星期四	week-end 周末
l'été 夏天 (en été 在夏天)	**Les mois 月份**	
l'automne 秋天 (en automne 在秋天)	janvier 一月	juillet 七月
l'hiver 冬天 (en hiver 在冬天)	février 二月	août 八月
	mars 三月	septembre 九月
La semaine 星期	avril 四月	octobre 十月
lundi 星期一	vendredi 星期五	mai 五月	novembre 十一月
mardi 星期二	samedi 星期六	juin 六月	décembre 十二月

Leçon 1 Bonjour / 你好

Léa: Bonjour, Vincent.

Vincent: Bonjour, Léa.

Léa: Comment vas-tu ?

Vincent: Je vais bien. Merci. Et toi ? Tu vas bien?

Léa: Oui, très bien. Merci.

Dimitri: Salut Inès,

Inès: Salut Dimitri.

Dimitri: Comment ça va ?

Inès: Oui, ça va bien. Merci.

Dimitri: Tiens ! Qui est-ce ?

Inès: C'est Jérôme, mon petit frère. Il a dix ans.

Nicolas: Bonjour. Je suis Nicolas et je suis Chinois. Je suis étudiant à Paris 1. Enchanté.

Alice: Bonjour Nicolas. Je suis Alice. Enchantée.

Notes 注释

1. Comment vas-tu? 你好吗？用于熟人之间，与 Comment ça va 同义。

正式场合时用vous (您) : Comment allez-vous ? 您好吗?

2. Et toi ? 等同于英文中的 "and you ?"。

3. C'est Jérôme, mon petit frère. Il a dix ans. 这是 Jérôme, 我的弟弟。他10岁了。

"frère"在法语中表示哥哥或弟弟的意思，"petit frère"确指弟弟。

Il a dix ans. 法语中几岁了用动词 "avoir (有)"。

4. Tiens ! Qui est-ce ? 呀！这是谁？

tiens 为口语中的语气词。

5. Je suis étudiant à Paris 1. 我是巴黎一大的学生。

◇ "Paris 1"是巴黎一大(先贤祠-索邦大学) "Université Paris 1 Panthéon-Sorbonne" 的简称。

巴黎一大,前身为巴黎索邦神学院,也是原巴黎大学的最主要继承人,法语又名"La Sorbonne"和"Paris 1",迄今已有八百年历史,堪称欧洲乃至世界上最古老的大学。巴黎一大坐落于巴黎拉丁区(第五区),是一所以人文、法律、经济与管理科学为主的综合性大学,在欧洲乃至世界的学术界里有着重要的影响。该校的经济管理专业,尤其是金融、国际贸易等与巴黎第九大学齐名,被认为是法国最好的经济管理专业之一。

Vocabulaire 词汇

bonjour	[bɔ̃ʒur]	n.m.	您(你)好,早安,日安	voici	[vwasi]	prép.	这是,这就是
mon	[mɔ̃]	adj.poss	我的	comment	[kɔmɑ̃]	adv.	如何,怎么样
petit,e	[pəti, -t]	adj.	年幼的,小的	bien	[bjɛ̃]	adv.	好
frère	[frɛr]	n.m.	兄弟	merci	[mɛrsi]	interj.	谢谢
dix	[dis]	a. num.	十	et	[e]	conj.	和
an	[ɑ̃]	n.m.	年;年龄,岁	toi	[twa]	pron.	你
Chinois,e	[ʃinwa,-z]	n.	中国人	oui	[wi]	adv.	是,是的
étudiant,e	[etydjɑ̃,-t]	n.	大学生	salut	[saly]	n.m.	你好,再见(俗)
être	[ɛtr]	v.i.	是	ça	[sa]	pron.	这个,那个
avoir	[avwar]	v.t.	有,具有	tiens	[tjɛ̃]	interj.	喂,瞧,噢!
aller	[ale]	v.i.	去,走,处于……健康状况	qui	[ki]	pron.	谁
enchanté,e	[ɑ̃ʃɑ̃te]	adj.	非常高兴的	ce	[sə]	pron.	这,那;这个,那个

# Notes de cours

Grammaire 语法

Les pronoms personnels 人称代词

人称代词是用来指人、动物或事物的代词。

1. 法语的人称代词种类较多，大体可分为以下几种：

　　—主语人称代词

　　—重读人称代词

　　—直接宾语人称代词

　　—间接宾语人称代词

　　—中性代词

　　—自反代词

2. 法语中主语人称代词(les pronoms personnels sujets)一共有以下八个：

	单数		复数	
第一人称	我	je	我们	nous
第二人称	你	tu	你们，您，您们	vous
第三人称	他，它	il	他们，它们	ils
第三人称	她，它	elle	她们，它们	elles

L'article défini et indéfini 定冠词和不定冠词

	单数		复数
	阳性	阴性	阳阴同形
不定冠词	un	une	des
定冠词	le 或 l'	la 或 l'	les

△注意：以元音或者哑音 h 起始的单数名词前的定冠词 le, la 要省音，改为 l'。比如：l'école, l'habitude, l'ami。

	条件	例句
不定冠词	初次提到的名词	Anne a un chien. Anne 有一只狗。
	不确指的名词	Thomas a des livres. Thomas 有一些书。
定冠词	确指、再次提到的名词	Voici le frère de Jaques, Rémi. 这是 Jacques 的兄弟，Rémi。
	整体概念的名词	J'aime le café. 我喜欢(喝)咖啡。

Le nom 名词

1. **法语的名词有阴、阳性之分。** 指人、动物的名词的性别，一般由人和动物本身的性别决定; 表示事物的名词在语法上有约定俗成的、固定的性别。

	阳性名词	阴性名词
以名词本身所代表的性别作为区分	homme (男人), fils (儿子), garçon (男孩), frère (兄弟)	femme (女人), fille (女儿), mère (母亲)
在阳性名词后加e形成阴性名词	ami (男性朋友), cousin (堂兄、表兄), chinois (中国男人), étudiant (男学生)	amie (女性朋友), cousine (堂姊妹、表姊妹), chinoise (中国女人), étudiante (女学生)
阴性名词的简易辨别法	大部分以 e 或 té 结尾的单词	école, table, université
	大部分以 tion, sion, aison, ence, ance, ette, ture, ée, que 结尾的单词	condition (条件), télévision (电视), conjugaison (动词变位), expérience (经验)

2. La formation des noms au pluriel 名词复数的构成

		单数	复数
一般直接在词尾加上s		un homme, une table	des hommes, des tables
特殊情况	-al	un journal	des journaux
	-au, -eu, -eau	un noyau, un cheveu, un veau	des noyaux, des cheveux, des veaux
	-s, -x, -z	un bois, une voix, un nez	des bois, des voix, des nez

△注意：

—少数以- al 结尾的名词变复数时只在词尾加字母s。如: le bal → les bals (舞会), le festival → les festivals (节日活动)

—三个特殊变化名词: l'aïeul → les aïeux (祖先), le ciel → les ciels (表示非宗教意义时), l'œil → les yeux (眼睛)

—发音特殊名词: un œuf → des œufs (鸡蛋), un bœuf → des bœufs (牛肉)

—三个复数形式和变位都特殊的名词, 这三个用在称呼中, 不加冠词:

monsieur → messieurs, madame → mesdames, mademoiselle → mesdemoiselles

—七个以-ou 结尾的名词变复数时将 ou 改为 aux: bijou, caillou, chou, genou, hibou, joujou, pou

——七个以-ail 结尾的名词变复数时将 ail 改为 aux：corail, émail, soupirail, travail, vantail, vitrail

3. 法语的名词可以分为普通名词和专有名词

专有名词主要指人、地方、国家、组织、机构等的专有的名称，首写字母需大写。

普通名词	un livre	un étudiant	une voiture	le café
专有名词	Anne	la Chine	les Alpes	le Pacifique

L'accord de l'attribut du sujet 主语与表语的配合

——Je suis étudiant. 我(Dimitri)是学生。

——Je suis étudiante. 我(Sara)是学生。

——Ils sont étudiants. 他们是学生。

——Alice est Française. Alice 是法国人。

——Dimitri est Français. Dimitri 是法国人。

Conjugaison 动词变位

aller

人称/数	单数		复数	
第一人称	我去	je vais	我们去	nous allons
第二人称	你去	tu vas	你们去	vous allez
第三人称	他去	il va	他们去	ils vont
第三人称	她去	elle va	她们去	elles vont

avoir

人称/数	单数		复数	
第一人称	我有	j'ai	我们有	nous avons
第二人称	你有	tu as	你们有	vous avez
第三人称	他有	il a	他们有	Ils ont
第三人称	她有	elle a	她们有	elles ont

être

人称/数	单数		复数	
第一人称	我是	je suis	我们是	nous sommes
第二人称	你是	tu es	你们是	vous êtes
第三人称	他是	il est	他们是	ils sont
第三人称	她是	elle est	她们是	elles sont

Leçon 1   Bonjour / 你好

> **Exercices 习题**

I. Complétez les phrases suivantes avec la conjugaison du verbe « être ». 用动词 **être** 的变位填空。

1. Il _____ étudiant.
2. Elle _____ professeur.
3. C'_____ un livre.
4. Nous _____ lundi.
5. Vous _____ étudiantes ?
6. Céline et Mylène _____ professeures (教授).
7. Monsieur et Madame Moraux _____ médecins (医生).
8. Je _____ un(e) étudiant(e) de Tanzhou Edu.
9. Annie et moi _____ journalistes (记者).
10. Il _____ aussi un étudiant de Tanzhou Edu.

II. Complétez les phrases suivantes avec la conjugaison du verbe « avoir ». 用动词 **avoir** 的变位填空。

1. J'_____ un livre.
2. Il _____ deux sœurs aînées (姐姐).
3. Ils _____ une belle maison (漂亮的房子).
4. Nous _____ un chien (狗).
5. Julie et moi _____ le même ordinateur (电脑).

III. Orthographe : « est » ou « et » ? 拼写: **est** 还是 **et**?

1. C'est mon frère _____ moi.
2. Marc _____ avocat (律师).
3. Regarde la photo! C'est toi _____ moi.
4. _____ toi? Tu vas bien?
5. Ton sac à main (你的手袋) _____ chic (雅致、优美).

IV. Complétez les phrases suivantes avec les articles définis ou indéfinis. 用定冠词或不定冠词填空。

1. Nicolas a _____ livre. Voici (这是) _____ livre de Nicolas.
2. Ce sont _____ livres de Nathalie.
3. J'ai _____ chien.
4. C'est _____ maison de ma sœur.

5. J'aime _____ thé.

6. Aline a _____ sœur. _____ sœur d'Aline est styliste.

V. Est-ce « un » ou « une »？用 un 或 une 填空。

_____ fleur (花)　　_____ boutique (商店)　　_____ gare (火车站)

_____ fraise (草莓)　_____ valise (行李箱)　　_____ table (桌子)

_____ chaise (凳子)　_____ élève (学生)　　　_____ place (座位)

_____ dictionnaire (字典)　_____ stylo (笔)　　_____ livre (书)

VI. Est-ce « le (l') » ou « la (l') »？用 le (l')或 la (l')填空。

_____ Place Tian'anmen (天安门广场)

_____ Arc de Triomphe (凯旋门)

_____ Chine

_____ France

_____ Musée du Louvre (卢浮宫)

_____ Université de Pékin (北京大学)

_____ Seine (塞纳河)

_____ soleil (太阳)

VII. Complétez les phrases suivantes avec un pronom personnel sujet. 用主语人称代词填空。

1. Voici Jacques. _____ est étudiant à l'Université de Pékin.

2. Avez-_____ un stylo ?

3. _____ sommes à New York.

4. _____ ont une sœur.

5. _____ as vingt-et-un ans.

6. _____ ai une place de cinéma (一张电影票).

7. _____ es chiant (讨厌的).

VIII. Mettez les noms suivants au pluriel. 将下列名词变成复数。

une chambre (卧室) _____　　une clé (钥匙) _____

une porte (门) _____　　　　une forêt (森林) _____

une saison (季节) _____　　　un jardin (花园) _____

monsieur (先生) _____　　　 madame (夫人) _____

mademoiselle (小姐) _____　　un an (年) _____

un enfant (孩子) _____　　　un oiseau (鸟) _____

Leçon 1　Bonjour / 你好

un travail (工作) _____　　une fois (次数) _____

un avion (飞机) _____

IX. Les noms suivants sont au singulier. Soulignez les noms qui ont la même forme au pluriel. 下列名词都为单数，对于复数为同样形式的请下画线。

souris / chat / nez / bois / voix / bus / paix / prix / poids / tapis / vélo / oiseau / croix / brebis

Lexique complémentaire – Les adjectifs numéraux cardinaux et ordinaux 基数词和序数词(1)

un	$1^{er}/1^{ère}$	premier (première)
deux	$2^{ème}/2^{nd}$	deuxième (second,e)
trois	3ème	troisième
quatre	4ème	quatrième
cinq	5ème	cinquième
six	6ème	sixième
sept	7ème	septième
huit	8ème	huitième
neuf	9ème	neuvième
dix	10ème	dixième
onze	11ème	onzième
douze	12ème	douzième
treize	13ème	treizième
quatorze	14ème	quatorzième
quinze	15ème	quinzième
seize	16ème	seizième
dix-sept	17ème	dix-septième
dix-huit	18ème	dix-huitième
dix-neuf	19ème	dix-neuvième
vingt	20ème	vingtième

◇ six 和 dix 单独出现的时候，分别发[sis],[dis]；在以元音或哑音h起始的单词前，分别发[siz],[diz]；在以辅音起始的单词前则分别发[si],[di]。

读一读：six hommes, dix hirondelles；six garçons, dix filles

◇ cinq, sept 和 huit 单独出现时或在以元音或哑音h起始的单词前，最后一个字母发音；后面紧跟以辅音起始的单词时，最后一个字母不发音。

读一读：cinq écoles, sept huîtres, huit étudiants；cinq Français, sept Chinois, huit Japonais

Leçon 2 — Bienvenue 欢迎

Mark: Bonjour, je m'appelle Mark.

Elisabeth: Bonjour, moi c'est Elisabeth.

Mark: Tu es nouvelle ici ?

Elisabeth: Oui, je suis dans cette école depuis lundi.

Mark: Alors ? C'est comment ?

Elisabeth: J'aime bien ! Les professeurs sont sympathiques. Et il y a beaucoup d'activités.

Mark: Tu es dans une famille d'accueil ?

Elisabeth: Oui, ma famille d'accueil est très sympa. Leur maison n'est pas loin de l'école. Excuse-moi, mon cours commence dans cinq minutes, je dois aller en cours.

Mark: OK. À bientôt.

Elisabeth: À bientôt.

Annie: Bonjour, je suis Annie. Je fais mes études à la Sorbonne.

Thomas: Bonjour, Thomas. Enchanté.

Annie: Enchantée. Où vas-tu avec ta valise ?

Thomas: Je vais à la Cité Universitaire. Je déménage.

Annie: Ah, j'habite là-bas également. On peut y aller ensemble ?

Thomas: Bien sûr.

Notes 注释

1. Je m'appelle Mark. 我叫做马克。

叫做什么名字用动词 s'appeler.

je m'appelle... 我叫做…… tu t'appelles... 你叫做…… il/elle s'appelle... 他/她叫做……vous vous appelez... 您叫做…… ils/elles s'appellent... 他们/她们叫做……

Leçon 2　Bienvenue / 欢迎

2. **Oui, je suis dans cette école depuis lundi.** 是的，我星期一开始就在这个学校了。

◇ dans cette école 介词 dans 表示"在……里"。

◇ depuis 介词"从……以来"，可以接具体时间，也可以接时间段。

　　Mon ami Christophe est en Chine depuis un an. 我的朋友克里斯托弗来中国一年了。

3. **Et il y a beaucoup d'activités.** 还有很多活动。

◇ et 在这里表示要引出下一句话。

◇ Il y a 为无人称固定句型，表示"有……"。

　　Il y a vingt étudiants dans ma classe. 我们班有二十名学生。

◇ beaucoup de 表示"很多的"。Il y a beaucoup de 表示"有很多的……"。

4. **Tu es dans une famille d'accueil ?** 你是(住)在寄宿家庭吗？

◇ 寄宿家庭是为来自各国的留学生在法国留学或游学时提供的一种住宿方式，因为属于国际间的文化交流，停留的时间通常较久。他们可以向当地的法国家庭租用一个房间，既能增进听力和口语，又可以体验法国人的真实生活。

5. **Leur maison n'est pas loin de l'école.** 他们家离学校不远。

◇ ne...pas 在法语中表示否定，ne...pas 分别放置在动词前后组成。以元音 a 开头或者不发音的 h 开头的动词前的 ne 要变成 n'。

　　Je ne suis pas étudiant. 我不是学生。

◇ loin "远的"。介词 de 在此处表示起源、来源，"loin de"表示"离……比较远"。

6. **Mon cours commence dans cinq minutes, je dois aller en cours.** 我的课五分钟内就要开始了，我要去上课了。

◇ dois 为 devoir (应该、必须) 的第一人称单数的直陈式现在时变位。

◇ "aller en cours" 去上课

7. **à bientôt.** 回头见，不久见。

◇ à 为法语中最常见的介词之一。à 在这里与时间搭配，构成常用固定结构。

常用句型：

◇ à demain (明天见), à lundi (周一见), à la prochaine (下回见)

8. **Je fais mes études à la Sorbonne.** 我在索邦大学上学。

◇ faire les études 固定搭配，表示"上学、就学"。

9. **Où vas-tu avec ta valise ?** 你带着行李去哪儿呢？

这是一个带 où 的特殊疑问句。在正式的特殊疑问句中，谓语 aller 和主语对调位置。

10. **Je vais à la Cité Universitaire.** 我去大学城。

◇ Cité Universitaire 的全称为 "Cité Internationale Universitaire de Paris" (巴黎国际大学

城），是位于巴黎第14区南部的一个学生宿舍群，是法国政府为在法国的高等教育机构学习的留学生而修建的，共有40座建筑，约5500个床位。房租约为每月500至700欧元。法兰西大区（l'île de France）快铁RER的B号线经过此处，所停留的站点也以此命名为"Cité Universitaire"。

12. On peut y aller ensemble ? (我们)可以一起去吗？

◇on peut y aller我们可以走了。和on y va一样都为口语常用句型，on y va相当于let's go。

◇on泛指人称代词，只能作主语，为第三人称阳性单数。泛指一个人或许多人，可表示"有人""我们""人们"等意思。

Vocabulaire 词汇

s'appeler	[saple]	v.pr.	名叫,称为	famille	[famij]	n.f.	家庭
nouveau (nouvel,lle)	[nuvo, -ɛl]	adj./n.	新的; 新来的人	accueil	[akœj]	n.m.	迎接,接待,招待
				maison	[mɛzɔ̃]	n.f.	房屋,住宅;家
dans	[dɑ̃]	prép.	在……里,在……内	loin	[lwɛ̃]	adv.	远地,遥远地
ce(cet), cette, ces	[sə,sɛt,se]	adj.	这,这个;这些	cours	[kur]	n.m.	课程
				commencer	[kɔmɑ̃se]	v.i./v.t.	开始,开端
école	[ekɔl]	n.f.	学校	minute	[minyt]	n.f.	分,分钟
depuis	[dəpɥi]	prép.	自……以来,从……以后	devoir	[dəvwar]	v.t.	该,应该
lundi	[lœ̃di]	n.m.	星期一	bientôt	[bjɛ̃to]	adv.	不久,马上,一会儿
alors	[alɔr]	adv.	那么;因此;那时	étude	[etyd]	n.f.	学习;研究
aimer	[ɛme]	v.t.	爱,喜欢,喜爱	avec	[avɛk]	prép.	和,同,跟,与
professeur	[prɔfesœr]	n.m.	教师;教授	valise	[valiz]	n.f.	手提箱,行李
sympathique	[sɛ̃patik]	adj.	给人好感、讨人喜欢的	déménager	[demenaʒe]	v.i./v.t.	搬家,迁居;搬运
beaucoup	[boku]	adv.	非常,很,很多	habiter	[abite]	v.i./v.t.	居住;居住在
activité	[aktivite]	n.f.	活动,能动性,活动力	ensemble	[ɑ̃sɑ̃bl]	adv.	共同,一起,一块儿
là-bas	[labɑ]	adv.	那儿,在那边	sûr	[syr]	adv.	肯定,一定
également	[egalmɑ̃]	adv.	一样地,也,还	faire	[fɛr]	v.t.	做,干,作
pouvoir	[puvwar]	v. aux.	能,能够,会	excuser	[ɛkskyze]	v.t.	原谅,宽恕

# Notes de cours

Grammaire 语法

Les adjectifs possessifs 主有形容词

1. 主有形容词属限定词，表示所属关系，并限定紧跟的名词。
2. 主有形容词是形容词的一种，也有单复数和阴阳性，也应与所其限定的名词的性、数相一致。
3. 主有形容词不能与冠词、指示形容词等其他限定词同时使用。

人称数	阳性单数	阴性单数	复数
我的	mon	ma	mes
你的	ton	ta	tes
他(她、它)的	son	sa	ses
我们的	notre		nos
你们(您)的	votre		vos
他(她、它)们的	leur		leurs

△注意：

— 主有形容词并不表示所有者的性别，它的性数需和所描述的人或物一致。如：ma famille, ton cours, notre professeur, mes études。

— 以哑音h或元音起始的阴性单数名词前，主有形容词ma, ta, sa要变成mon, ton, son。

例如：une école → mon (ton, son) école

— 阴性单数名词前有以哑音h或元音起始的阴性单数形容词，主有形容词ma, ta, sa要变成mon, ton, son。

例如：ma classe → mon ancienne classe   sa fille → son unique fille

Les prépositions à et de 介词à 和 de

介词à和de是法语介词中最常见的两个。下面是几种最基本的用法：

1. 介词à

引出地点状语	Je vais à Paris. 我去巴黎。
引出时间状语	À tout à l'heure, mon cours commence à deux heures. 等会见，我的课两点钟开始。
表示目的、用途	une brosse à dents; une salle à manger 牙刷；饭厅
表达方式	aller à pieds 步行去某地
跟动词搭配，构成句型	parler à qn. de qch. 跟某人谈某事

Leçon 2　Bienvenue / 欢迎

2. 介词 de

表示所属、属性	un livre de Jacques; la famille de mon frère Jacques 的书；我的兄弟的家
表示性质	un professeur de français 法语老师；famille d'accueil 寄宿家庭
表示出发点、来源	une lettre de Paris; un professeur de France 一封来自巴黎的信；一位来自法国的老师
表示方式	parler d'une voix forte 高声说话
起语法作用	loin de l'école, parler à qn. de qch. 离学校远；跟某人谈某事

否定句 ne pas 以及介词 de 在否定句中的使用

1. ne...pas 表示否定，ne 和 pas 分别放置于被否定的动词两边。

   Je ne suis pas journaliste. 我不是记者。

   Le cours ne commence pas dans dix minutes. 课不会在十分钟内开始。

2. 被否定的动词如果以元音或者哑音 h 起始，改为 n'。

   Ce n'est pas mon professeur. 这不是我的老师。

   Tu n'es pas mon ami. 你不是我的朋友。

   Il n'habite pas loin. 他住得不远。

3. 在绝对否定句中，如果句子的直接宾语前有不定冠词或部分冠词，那么需要用 de 来代替不定冠词和部分冠词。

   Elle a une fille. Et moi, je n'ai pas de fille.

   Elle a des places de cinéma. Jacques n'a pas de places de cinéma.

   △注意：下列情况不能用介词 de 替代：

   ——Il n'est pas mon frère. (mon frère 为表语，不是直接宾语)

   ——Je n'aime pas le chocolat. (le 为定冠词)

   ——Antoine ne fait pas ses devoirs. (ses 为主有形容词)

Le présent de l'indicatif des verbes du 1er groupe 第一组动词的直陈式现在时

直陈式现在时是法语中使用最多的一种时态，常用于表达以下几种概念：

描写正在发生的事情、动作或状态	Le professeur est dans la classe.	老师在教室。
	Il s'appelle Michael.	他叫 Michael。
	Il habite à Paris.	他住在巴黎。
	Il mange son sandwich.	他在吃他的三明治。

表达习惯性的动作	Elle va à l'école à neuf heures tous les jours.	她每天九点去学校。
表示主语具备的性格、能力和特征	Aurélie est sympathique.	Aurélie很友善。
	Il parle français.	他说法语。
描述一个客观事实、普遍真理	La Chine est grande.	中国幅员辽阔。
	Il fait froid en hiver.	冬天很冷。

以-er结尾的动词除(aller)外为第一组动词,它们的变位是规则的。这组动词的直陈式现在时的变位规则为去掉结尾的-er,按人称依次在词尾加上-e, -es, -e, -ons, -ez, -ent.例如:

habiter	
j'habite	nous habitons
tu habites	vous habitez
il/elle habite	ils/elles habitent

Conjugaison 动词变位

faire				
人称/数	单数		复数	
第一人称	我做	je fais	我们做	nous faisons
第二人称	你做	tu fais	你们做	vous faites
第三人称	他做	il fait	他们做	ils font
第三人称	她做	elle fait	她们做	elles font

devoir				
人称/数	单数		复数	
第一人称	我应该	je dois	我们应该	nous devons
第二人称	你应该	tu dois	你们应该	vous devez
第三人称	他应该	il doit	他们应该	ils doivent
第三人称	她应该	elle doit	她们应该	elles doivent

pouvoir				
人称/数	单数		复数	
第一人称	我能	je peux	我们能	nous pouvons
第二人称	你能	tu peux	你们能	vous pouvez
第三人称	他能	il peut	他们能	ils peuvent
第三人称	她能	elle peut	她们能	elles peuvent

Leçon 2　Bienvenue / 欢迎

人称/数	单数		复数	
		s'appeler		
第一人称	我叫做	je m'appelle	我们叫做	nous nous appelons
第二人称	你叫做	tu t'appelles	你们叫做	vous vous appelez
第三人称	他叫做	il s'appelle	他们叫做	ils s'appellent
第三人称	她叫做	elle s'appelle	她们叫做	elles s'appellent

Exercices 习题

I. Complétez les phrases suivantes avec les verbes « avoir », « être », « faire » et « aller ». 用动词 avoir, être, faire 和 aller 填空。

1. J'aime _____ la cuisine. 我喜欢做饭。
2. Madame et Monsieur Brun _____ à Cannes demain. Brun 夫妇明天去戛纳。
3. Pierre _____ 24 ans. Pierre 24 岁了。
4. Ce _____ un mannequin de Paris. 这是一位来自巴黎的模特。
5. Je _____ du shopping le week-end. 我周末经常去购物。

II. Répondez aux questions suivantes avec les adjectifs possessifs. 用主有形容词回答下面问题。

1. Voilà une maison, c'est la maison d'Emma ?
   Oui, _____

2. Voilà des valises, ce sont les valises de René et de Suzanne ?
   Oui, _____

3. Voilà un rouge à lèvres (口红), c'est le rouge à lèvres d'Alice ?
   Oui, _____

4. Voilà des professeurs, ce sont les professeurs de Sophie et de Marie ?
   Oui, _____

III. Complétez les phrases suivantes avec « à » ou « de ». 用 à 或 de 填空。

1. _____ pied ou en voiture ? 步行还是开车？
2. J'ai encore beaucoup _____ choses _____ faire. 我还有很多事情要做。
3. Il part _____ Paris demain matin. 他明早去巴黎。
4. Ils vont _____ l'école tous les matins. 他们每天早上去学校。
5. C'est le mascara _____ Marie. 这是 Marie 的睫毛膏。

6. _____ tout à l'heure. 一会儿见。

7. Lucie demande _____ Christophe _____ sortir. Lucie 请 Christophe 出去。

8. Nous rentrons _____ 17 heures. 我们下午五点回家。

IV. Ecrivez les nombres suivantes en lettres, et ensuite en nombres ordinaux correspondants. 把下列数字用字母写出来,并写出相应的的序数词。

43 _____

17 _____

65 _____

76 _____

24 _____

9 _____

88 _____

29 _____

V. Transformez les phrases suivantes en phrases négatives. 把下列句子变成否定句。

1. J'habite à Pékin. 我住在北京。

_____

2. Je vois les clés sur la table. 我看到钥匙在桌上。

_____

3. Mon père est avocat. 我的父亲是律师。

_____

4. Je vais en cours du lundi au vendredi. 我周一至周五要上学。

_____

5. Il est riche, il a des sous. 他很富裕, 他有钱。

_____

VI. Complétez le texte suivant avec les adjectifs possessifs. 用主有形容词补充下面的短文。

Il y a sept personnes (人) dans la famille de François, _____ père, _____ mère, _____ deux sœurs et _____ deux frères. Dans ma famille, il y a trois personnes et un chien (狗): _____ père, _____ mère et moi. _____ père est professeur, _____ mère est infirmière (护士). _____ chien s'appelle Mac. Je fais _____ études à New-York. J'aime _____ parents (父母).

VII. Traduisez les phrases suivantes. 翻译下面的句子。

1. 学校里有很多学生。

2. Quentin 在北京大学读书。

3. 我必须要去学校了。

4. 我十分钟后开始做习题。

5. 这个房子离学校很远。

6. 你能原谅我吗?

7. 请问, 他住在巴黎吗?

VIII. Complétez avec les adjectifs possessifs. 用主有形容词填空。

1. Les enfants de Mme Chevalier. → <u>ses</u> enfants (n.m.pl.)
2. La mère de Sofia et Valérien. → _____ mère (n.f.)
3. Les tontons de Simon et Maud. → _____ tontons (n.m.pl.)
4. Les cousines de Charlotte. → _____ cousines (n.f.pl.)
5. Le cousin de Georges. → _____ cousin (n.m.)

6. L'amie de Sandrine et Florian.　　→ _____ amie (n.f.)

7. Les grands-parents de Victor et Adam.　→ _____ grands-parents (n.m.pl.)

△注意：　n.m. 阳性名词单数　　　　n.m.pl. 阳性名词复数
　　　　　n.f. 阴性名词单数　　　　n.f.pl. 阴性名词复数

IX. Mettez les mots dans l'ordre. 将下列词重新排列。

1. loin d'ici / habitons / Nous / pas / n'
_____
_____

2. dois / minutes / dix / commencer / Tu / dans
_____
_____

3. pas / Il / de / ne / fait / sport
_____
_____

4. pas / fumez (吸烟) / ne / Vous
_____
_____

5. d'amis / sœur / beaucoup / Ma / a
_____
_____

X. Associez. Plusieurs réponses sont possibles. 连线，可以有多个答案。

1. Marion　　　　　　aiment les marques de luxe (奢侈品牌).

2. Je　　　　　　　　fait du ping-pong.

3. Les filles　　　　　pouvons aller ensemble.

4. Nous　　　　　　　écoutez de la musique (听音乐).

5. Vous　　　　　　　téléphone (打电话) à Juliette.

6. Sara et moi　　　　allons au cinéma.

XI. Traduisez le texte suivant. 翻译下文。

我叫Quentin，今年25岁了。我来巴黎一年了，是巴黎一大的学生。我的父亲是医生，我的妈妈是教授，他们一直住在北京。我有一个弟弟，但是我没有姐妹。我弟弟13岁了。

_____
_____

Leçon 2 Bienvenue / 欢迎

△ 提示：

但是 cependant/mais　　　一直 toujours　　　姐妹 sœur

Lexique complémentaire – Les adjectifs numéraux cardinaux et ordinaux 基数词和序数词 (2)

vingt-et-un	21ème	vingt-et-unième
vingt-deux	22ème	vingt-deuxième
trente	30ème	trentième
trente-et-un	31ème	trente-et-unième
trente-deux	32ème	trente-deuxième
quarante	40ème	quarantième
quarante-et-un	41ème	quarante-et-unième
quarante-deux	42ème	quarante-deuxième
cinquante	50ème	cinquantième
soixante	60ème	soixantième
soixante-dix	70ème	soixante-dixième
soixante-et-onze	71ème	soixante-et-onzième
soixante-douze	72ème	soixante-douzième
quatre-vingts	80ème	quatre-vingtième
quatre-vingt-un	81ème	quatre-vingt-unième

quatre-vingt-deux	82ème	quatre-vingt-deuxième
quatre-vingt-dix	90ème	quatre-vingt-dixième
quatre-vingt-onze	91ème	quatre-vingt-onzième
quatre-vingt-douze	92ème	quatre-vingt-douzième
cent	100ème	centième
cent-un	101ème	cent-unième
mille	1000ème	millième

21 vingt-et-un/une [vɛ̃teœ] [vɛ̃teyn]　　22 vingt-deux [vɛ̃tdø]

23 vingt-trois [vɛ̃trwa]　　24 vingt-quatre [vɛ̃tkatr]

25 vingt-cinq [vɛ̃tsɛ̃k]　　26 vingt-six [vɛ̃tsis]

27 vingt-sept [vɛ̃tset]　　28 vingt-huit [vɛ̃tɥit]

29 vingt-neuf [vɛ̃tnœf]

口语中，21和22的vingt的t发音较明显，23到29中vingt中的t的音常有省去。

◇ 注意:

◇ cent和vingt表整倍数时有数的变化，需加s。

　　如：deux-cents, quatre-vingts。

　　不表整倍数时，则无需加s。

　　如：deux-cent-quatre, quatre-vingt-deux。

◇ mille没有复数形式。如：deux-mille。

◇ million（百万）为名词，表整倍数时加"de"构成以下常用表达方式：

　　un million de，一百万的，如：un million de familles 一百万的家庭。

　　des millions de，数百万的，如：des millions de familles 数百万的家庭。

　　不表整倍数时，无需加"de"：

　　un million deux cent mille familles 一百二十万家庭。

Leçon 3 J'aime le français
我爱法语

À l'école, il y a beaucoup de langues. Je parle anglais et je parle aussi un peu italien. Maintenant, j'apprends le français. Pourquoi j'aime le français ?

D'abord, le français est une très belle langue, et c'est une langue très utilisée dans le monde entier.

Ensuite, le français est la langue internationale pour la cuisine, la mode, le théâtre, la danse et l'architecture. Enfin, c'est un plaisir d'apprendre le français. On l'appelle souvent la langue de l'amour.

Tiens, je viens d'apprendre comment poser les questions.

Comment t'appelles-tu ?

Combien de langues est-ce que tu parles ?

Est-ce que tu aimes aller au cinéma ?

Je vais visiter la France avec un ami. Il s'appelle Thomas. Nous allons aller en France, pour voir la tour Eiffel et le musée du Louvre.

Est-ce que tu vas à Paris aussi ? Est-ce que tu aimes le français ? C'est une belle langue, n'est-ce pas ?

Et toi ? Pourquoi apprends-tu le français ?

> Notes注释

1. Je parle aussi un peu italien. 意思是"我也会说一点意大利语"。

   ◇ parler是动词,表示"说",后面可以接上一门语言,这个语言名词可以不带冠词。

   例如, Je parle (le) chinois. 我说汉语。

   ◇ "aussi",副词,"同样"的意思。

   ◇ "up peu"表示"一点"。

   "我说一点意大利语。"以下三种说法都正确。虽然un peu后接名词时,需加上介词de,但在口语中第一种最为通用。

   Je parle un peu italien.

   Je parle un peu l'italien.

   Je parle un peu d'italien.

   ◇ "italien"在这里是名词,意思是意大利语。它也可以用作形容词,意思是"意大利的"。意大利人为"Italien",首字母大写。

2. Pourquoi j'aime le français ? 为什么我喜欢法语呢?

   "pourquoi"意思是"为什么",相当于英文的"why"。

3. le monde entier 全世界。

4. C'est un plaisir de faire qch. 做某事非常开心。

   "plaisir"意思是"愉悦、高兴",后接介词de引出一个动词不定式。

5. venir de faire qch. 最近过去时,意思是"刚刚做过某事"。

   例如, Il vient de partir. 他刚走。

6. Comment t'appelles-tu ? 你怎么称呼?

   "comment"是特殊疑问词,用来引出特殊疑问句,意思是"如何、怎样",相当于英语中的"how"。

7. Combien de langues est-ce que tu parles ? 你说几门语言?

   "combien de"意思是"多少",后接名词时必须加上介词de,用于疑问句中。"est-ce que"固定搭配,用于疑问句中,后接陈述语序。

   Combien de frères et sœurs as-tu ?

   Combien de frères et sœurs est-ce que tu as ? 你有多少兄弟姐妹?

8. la tour Eiffel, le musée du Louvre 分别指"埃菲尔铁塔"和"卢浮宫"。

9. n'est-ce pas ? 固定搭配,意为"不是吗?"

Leçon 3　J'aime le français / 我爱法语

Vocabulaire 词汇

langue	[lɑ̃g]	n.f.	语言;舌头	apprendre	[aprɑ̃dr]	v.t.	学习
parler	[parle]	v.i./v.t.	说话,说,讲	poser	[poze]	v.t.	放,搁;提出
anglais	[ɑ̃glɛ]	n.m.	英语	question	[kɛstjɔ̃]	n.f.	问题
aussi	[osi]	adv.	也,同样;还	cinéma	[sinema]	n.m.	电影院(口语)
italien	[italjɛ̃]	n.m.	意大利语	visiter	[vizite]	v.t.	访问,参观
maintenant	[mɛ̃tnɑ̃]	adv.	现在,目前	France	[frɑ̃s]	n.f.	法国
pourquoi	[purkwa]	adv./conj.	为什么,为何	français,e	[frɑ̃sɛ, -z]	n.m.	法语
						adj.	法国的,法国人的,法语的
d'abord	[dabɔr]	conj.	首先				
très	[trɛ]	adv.	很,非常,极	Français,e		n.	法国人
beau(bel,le)	[bo, bɛl]	adj.	美丽的,漂亮的	ami	[ami]	n.	朋友
utiliser	[ytilize]	v.t.	利用,使用	Paris	[pari]	n.	巴黎
monde	[mɔ̃d]	n.m.	世界,领域	pour	[pur]	prép.	为了,对于
entier,ère	[ɑ̃tje, -ɛr]	adj.	整个的,全部的	voir	[vwar]	v.t.	看见,看到
ensuite	[ɑ̃sɥit]	adv.	然后,以后	cuisine	[kɥizin]	n.f.	厨房,烹饪
souvent	[suvɑ̃]	adv.	经常,常常	mode	[mɔd]	n.f.	时髦,时尚
amour	[amur]	n.m.	爱,热爱;爱情,恋爱	danse	[dɑ̃s]	n.f.	舞蹈
venir	[vənir]	v.i.	来,来到	théâtre	[teatr]	n.m.	戏剧,剧院
architecture	[arʃitɛktyr]	n.f.	建筑学	plaisir	[plɛzir]	n.m.	愉快,乐意

# Notes de cours

Leçon 3　J'aime le français / 我爱法语

Grammaire 语法

Les adjectifs 形容词

形容词的性、数应与所修饰的名词的性、数保持一致。

1. 形容词词形变化

	单数		复数	
	阳性	阴性	阳性	阴性
一般规则	libre	libre	libres	libres
	petit	petite	petits	petites
	gris	grise	gris	grises
特殊规则	blanc	blanche	blancs	blanches
	neuf	neuve	neufs	neuves
	heureux	heureuse	heureux	heureuses
	beau	belle	beaux	belles
	bon	bonne	bons	bonnes
	premier	première	premiers	premières
	gentil	gentille	gentils	gentilles
	principal	principale	principaux	principales

△注意：

在以元音及哑音h起始的阳性单数名词前，以下五个形容词有特殊变化：

beau	un beau stylo	un bel ami	de beaux amis	une belle maison	de belles maisons
nouveau	un nouveau stylo	un nouvel ami	de nouveaux amis	une nouvelle maison	de nouvelles maisons
vieux	un vieux stylo	un vieil ami	de vieux amis	une vieille maison	de vieilles maisons
fou	un fou rire	un fol espoir	de fous espoirs	une idée folle	des idées folles
mou	un biscuit mou	un mol oreiller	de mous oreillers	une jambe molle	des jambes molles

2. 形容词的位置

——大多数普通形容词放在名词后。如：une maison blanche, un professeur sympathique。

——一些较短(单、双音节)的常用形容词，常置于名词前，像 beau, bon, grand, petit, gros, haut, joli, long, mauvais, nouveau, vieux 等。如：une petite maison, une jolie robe, un mauvais élève, un bon film。

—少数常用形容词的位置可前可后，但含义有所不同。如：

propre	mon propre frère	我自己的兄弟	une veste propre	一件干净的外套
grand	un grand homme	一个伟人	un homme grand	一个身材高大的男人
cher	un cher ami	一个亲爱的朋友	une maison chère	一栋昂贵的房子

Les articles contractés 缩合冠词

介词 à 或 de 后接定冠词 le 和 les 时，要缩合成 au, aux 和 du, des 并统称为缩合冠词。

à + le = au	Je vais au cinéma.
à + les = aux	Nous allons aux États-Unis.
de + le = du	les enfants du monde entier
de + les = des	Ce sont les livres des étudiants.

Le passé récent 最近过去时

最近过去时表示一个刚刚完成的动作。

构成：venir 的直陈式现在时变位 + 介词 de + 动词不定式(infinitif)

最近过去时 = venir de + inf.

Elle vient de manger. 她刚吃完。

Ils viennent d'arriver. 他们刚到。

Nous venons de finir nos devoirs. 我们刚写完我们的作业。

Le future proche 最近将来时

最近将来时表示即将或马上就要发生的动作。

构成：aller 的直陈式现在时变位 + 动词不定式(infinitif)

最近将来时 = aller + inf.

Ils vont aller au marché. 他们会去集市。

On va aller au ciné. 我们会去电影院。

Nous allons voir la tour Eiffel. 我们会去看埃菲尔铁塔。

△ 小知识：

法语中共有六种语式：

— l'indicatif (直陈式)　　　　　　— le conditionnel (条件式)

— l'infinitif (不定式)　　　　　　— le participe (分词式)

— l'impératif (命令式)　　　　　　— le subjonctif (虚拟式)

Leçon 3　J'aime le français / 我爱法语

Phrase interrogative 疑问句

1. L'interrogation globale 一般疑问句

疑问方式	例句	备注
陈述句 + 语调上升	Il est ingénieur?	通俗口语
est-ce que + 陈述句	Est-ce qu'il est ingénieur?	标准口语
动词 + 代词主语 + 其他成分	Est-il ingénieur? Parles-tu français?	标准语
名词主语 + 动词 + 与主语相应的代词 + 其他成分	Ton frère est-il ingénieur?	标准语

2. L'interrogation partielle 特殊疑问句

疑问词	例句	口语
Qui	Qui est-ce? Qui est en retard?	C'est qui? Qui c'est?
Que	Que faites-vous? Qu'est-ce que vous faites? Qu'est-ce que c'est?	Tu fais quoi? C'est quoi?
Où	Où vas-tu? Où est Pierre? Où Pierre est-il? Où est-ce que tu vas?	Tu vas où?
Pourquoi	Pourquoi est-ce que Paul part? Pourquoi Paul part-il? Pourquoi apprends-tu le français?	Tu fais ça pourquoi?
Quand	Quand venez-vous? Quand Pierre viendra-t-il? Quand est-ce que vous venez?	Tu viens quand?
Comment	Comment vas-tu? Comment va Anne? Comment Anne va-t-elle?	Tu vas comment?
Combien	Combien ça coûte? Combien cela coûte-il? Combien est-ce que ça coûte? Combien d'enfants avez-vous? Combien d'étudiants y a-t-il dans la classe?	Ça coûte combien? Vous êtes combien?

3. oui, non, si 的用法

	用法	例句
oui	用于肯定疑问句的肯定回答	Es-tu ingénieur? Oui, je suis ingénieur.
non	用于肯定或否定疑问句的否定回答	Es-tu ingénieur? Non, je ne suis pas ingénieur. N'es-tu pas ingénieur? Non, je ne suis pas ingénieur.
si	用于否定疑问句的肯定回答	N'es-tu pas ingénieur? Si, je suis ingénieur.

Conjugaison 动词变位

venir	
je viens	nous venons
tu viens	vous venez
il vient	ils viennent
elle vient	elles viennent

apprendre	
j'apprends	nous apprenons
tu apprends	vous apprenez
il apprend	ils apprennent
elle apprend	elles apprennent

voir	
je vois	nous voyons
tu vois	vous voyez
il voit	ils voient
elle voit	elles voient

Exercices 习题

I. Complétez les phrases avec les verbes donnés. 用所给动词完成句子。

1. apprendre

   1) J'_____ le français.

Leçon 3 J'aime le français / 我爱法语

2) Tu _____ le chinois.

3) Il _____ la musique

4) Nous _____ la peinture (绘画).

5) Vous _____ l'anglais.

2. voir

1) Je _____ un film.

2) Il va _____ ses parents.

3) Nous _____ un chien sur la table.

4) Vous _____ souvent vos amis ?

5) Ils ne _____ pas loin.

3. devoir

1) Je _____ aller au marché demain.

2) Tu _____ finir la pizza (披萨).

3) Ils _____ se coucher (睡觉) tôt.

4) Nous _____ être à l'heure (准时).

5) Vous _____ être en retard.

II. Faites des phrases avec les mots donnés et les articles contractés. 用所给的词和缩合冠词造句。

Ex: les devoirs / les élèves

　　Voilà les devoirs des élèves.

1. le professeur / l'école

_____

_____

2. les élèves / la classe

_____

_____

3. les vêtements (衣服) / le magasin (商店)

_____

_____

4. la chambre / l'appartement

_____

_____

5. les chats / les amis

_____

_____

III. Complétez les phrases suivantes avec les mots convenables. 使用合适的词填空。

1. Sébastien pose souvent des questions _____ professeurs.

2. Les élèves ne vont pas _____ école le samedi.

3. Franck et Thomas vont aller _____ Japon après-demain.

4. Christophe vient _____ France.

5. Madame et Monsieur Barbier veulent aller _____ Paris

6. Les garçons parlent souvent _____ filles.

IV. Accordez l'adjectif entre parenthèses. 用括号内的形容词的适当形式填空。

1. Dimitri aime les _____ (joli) filles.

2. Ce sont de _____ (nouveau) étudiants de l'école.

3. Nous habitons dans une _____ (beau) maison.

4. Hélène est très _____ (professionnel) dans son domaine (领域).

5. Bernard et Jean sont (sympathique) _____.

V. Répondez les phrases suivantes en utilisant « oui », « non » ou « si ». 用 oui, non 或 si 回答下列句子。

1. Elle est japonaise ?

_____, chinoise.

2. Alexis ne va pas à l'école le samedi ?

_____, il ne va pas à l'école le samedi.

3. Alexis ne va pas à l'école le samedi ?

_____, il va à l'école le samedi.

4. Êtes-vous médecin ?

_____, je suis médecin.

5. Jaqueline vient de manger une pizza, n'est-ce pas ?

_____, elle vient de la manger.

VI. Complétez les phrases suivantes avec les mots interrogatifs. 用特殊疑问词填空。

1. _____ aller à la famille d'accueil s'il vous plaît ?

2. _____ vas-tu ?

Leçon 3 J'aime le français / 我爱法语

3. _____ l'amour est important ?

4. _____ font-ils demain ?

5. _____ aime le foie gras (鹅肝) ?

6. _____ est-ce que Didier visite le musée du Louvre avec sa femme, aujourd'hui ou demain ?

7. _____ vous appelez-vous ?

8. _____ habitent-ils ? Dans la ville ?

9. _____ va ta maman ?

10. _____ est le chien ?

VII. Corrigez les phrases suivantes. 改正下列句子的错误。

1. Lucie apprends le chinois.

2. Nous allons à le cinéma.

3. Lucie viens de finir ses devoirs.

4. La maison de mon professeur est joli.

5. Je doit partir dans dix minutes.

6. J'aime mange.

7. Ils vont mange une pizza.

8. Nicolas a beaucoup des amis dans le monde entier.

VIII. L'interrogation partielle : posez des questions portant sur la partie soulignée de la phrase affirmative. 用特殊疑问句就画线部分提问。

1. Les enfants aiment <u>les animaux</u>.

2. Ils font les exercices <u>dans la chambre</u>.

3. <u>Céline</u> aime manger gras.

4. Le film commence <u>à 20 heures</u>.

5. Il s'appelle <u>Cyril Barenton</u>.

IX. « pouvoir » ou « vouloir » ? pouvoir 还是 vouloir ?

1. Vous _____ un peu de café ?

2. Je ne _____ pas de café.

3. Désolé, je ne _____ pas faire cela.

4. Tu _____ voir le film « Le chat potté » ?

5. Désolée, je ne sais pas. Tu _____ poser la question au professeur.

6. Elle _____ étudier et écouter la musique.

X. Traduisez les phrases suivantes en français. 将下列句子翻译成法文。

1. 我刚吃完。

2. Vincent 明天要去看他的父母。

3. 要上课了。

4. 我们马上就要走了。

5. 我刚刚做了一些习题。

XI. Complétez le texte suivant avec les verbes entre parenthèses. 用括号内的动词补充下文。

Bonjour, je _____ (s'appeler) François et je _____ (être) médecin à Paris. Je _____ (avoir) 30 ans et je _____ (être) marié. J'ai deux sœurs et un frère. Ma famille _____ (habiter) à Nantes. J'ai une fille de 4 ans. Nous _____ (habiter) dans une grande maison. Je _____ (parler) très bien français, anglais et allemand. J'aime _____ (jouer) au foot en week-end. Ma femme et moi _____ (aller) souvent au ciné.

XII. Mettez les phrases au futur proche et au passé récent. 将句子改成最近将来时和最近过去时。

1. Je prends une photo de famille.

2. Rémi déménage à Paris.

Leçon 3 J'aime le français / 我爱法语

3. Ils vont chez Pierre.

4. Véronique fait du shopping aux Galeries Lafayette (老佛爷百货).

Conversation–Aller à la bibliothèque

Marco: Bonjour Mademoiselle.

Christa: Bonjour.

Marco: Pourriez-vous me dire comment aller à la bibliothèque ?

Christa: Oui, bien sûr. Derrière le bâtiment rouge là-bas il y a la bibliothèque, elle est à côté de la cantine.

Marco: Merci beaucoup.

Christa: De rien.

Marco: Tu es Française ?

Christa: Non, je suis Belge mais je fais mes études en France. Et toi, tu es Français ?

Marco: Non, je suis Italien. Je m'appelle Marco Adamo.

Christa: Enchantée ! J'adore l'Italie ! Moi，c'est Christa!

Marco: Enchanté de faire ta connaissance!

Christa: D'où viens-tu ?

Marco: Je viens d'Italie, de Milan ! Et toi ?

Christa: Chouette, j'aime bien Milan ! Je viens de Bruges. C'est dans le Nord de la Belgique, mais pendant mes études, j'habite en France à Dijon.

Marco: Qu'est-ce que tu fais ce soir ?

Christa: Rien de spécial.

Marco: Je t'invite à une soirée italienne demain soir si tu es libre.

Christa: Merci beaucoup, ça me fera plaisir. À demain soir alors !

Marco: À demain !

Vocabulaire 词汇

dire	v.t.	说,讲	chouette	interj.	好哇,真棒	
arriver	v.i.	到达	Bruges		布鲁日[比]	
bibliothèque	n.f.	图书馆	Belgique	n.f.	比利时	
bien sûr		当然	pendant	prép.	在……期间	
derrière	prép.	在……的后面	Dijon		第戎[法]	
bâtiment	n.m.	建筑物	spécial, e	adj.	特殊的,特别的	
rouge	adj.	红的	inviter	v.t.	邀请	
là-bas	adv.	在那儿	soirée	n.f.	晚上,晚会	
à côté de	loc.prép.	在……旁边	libre	adj.	自由的,空闲的	
cantine	n.f.	食堂	demain	adv.	明天	
belge	adj.	比利时的	nord	n.m.	北边	
connaissance	n.f.	认识,认知	si	conj.	如果,假如	
Milan		米兰[意]	adorer	v.t.	喜爱,崇拜;爱慕	

Notes 注释

1. Pourriez-vous me dire comment aller à la bibliothèque ? 请问图书馆怎么走?

   ◇ Pourriez-vous 请问您……? 礼貌用语。

2. elle est à côté de la cantine. 她就在食堂的旁边。

   ◇ à côté de... 在……的旁边。La banque est à côté de la poste. 银行在邮局的旁边。

3. De rien. 不客气。比 je t'en prie 或 je vous en prie 更随意。

4. Enchanté de faire ta connaissance. 很高兴认识你。

   ◇ faire la connaissance de qn. 认识某人。

5. D'où viens-tu ? 你来自哪里?

   ◇ 疑问词作介系词的宾语时,介系词需放在疑问词前。

   ◇ 口语中也可说 Tu viens d'où?

6. dans le Nord de la Belgique. 在比利时的北边。

7. Rien de spécial. 没什么特别的(安排)。

   (Il n'y a) rien de spécial 的省略句。

8. Je t'invite à une soirée italienne demain soir si tu es libre. 如果明晚你有空的话,我请你来参加一个意大利趴。

   ◇ inviter qn. à qch. 邀请某人(参加)某事。inviter Anne au mariage,邀请 Anne 参加婚礼。

Leçon 3　J'aime le français / 我爱法语

◇ inviter qn. à faire qch. 邀请某人做某事。

9. Ça me fera plaisir. 我会很乐意的。fera 为 faire 的简单将来时第三人称单数变位。

Répondez aux questions suivantes selon le texte. 根据文章回答下列问题。

a) Où se trouve la bibliothèque ?
_____
_____

b) Où est-ce que Christa fait ses études ?
_____
_____

c) Qu'est-ce que Christa va faire ce soir ?
_____
_____

d) Qu'est-ce que Christa va faire demain soir ?
_____
_____

e) D'où vient Marco ?
_____
_____

Lexique complémentaire – L'astrologie 星相学

1. Les signes astrologiques 星座

le Verseau	水瓶座	le Lion	狮子座
les Poissons	双鱼座	la Vierge	处女座
le Bélier	白羊座	la Balance	天秤座
les Gémeaux	双子座	le Scorpion	天蝎座
le Taureau	金牛座	le Sagittaire	射手座
le Cancer	巨蟹座	le Capricorne	摩羯座

—Quel est ton signe astrologique ? Moi, je suis Verseau. Et toi ?

—Je suis du signe Taureau.

2. Les douze animaux du zodiaque chinois 中国十二生肖动物

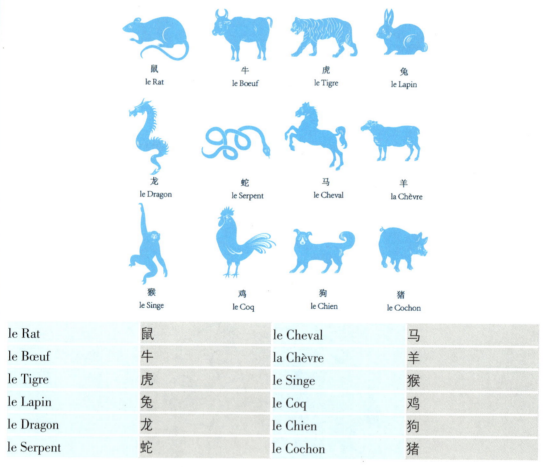

le Rat	鼠	le Cheval	马
le Bœuf	牛	la Chèvre	羊
le Tigre	虎	le Singe	猴
le Lapin	兔	le Coq	鸡
le Dragon	龙	le Chien	狗
le Serpent	蛇	le Cochon	猪

Quel est ton signe chinois ?

Quel est ton signe astrologique chinois ?

Quel est ton signe du zodiaque chinois ?

Quel animal du zodiaque chinois êtes-vous ?

Leçon 4　Les rencontres／相遇

Leçon 4　Les rencontres
相遇

Nathalie: Bonjour Madame Maréchal, je suis Nathalie Fischer, l'amie de Christine.

Mme Maréchal: Ah ! Enchantée de vous connaître, Nathalie. Christine parle souvent de vous. Bernatte Maréchal.

Nathalie: Enchantée, madame.

Mme Maréchal: Eh bien, entrez Nathalie. Vous voulez boire quelque chose? Un jus d'orange?

Nathalie: Non merci. C'est gentil. Je n'ai pas soif.

Mme Maréchal: Un petit café, peut-être?

Nathalie: Hmmm...Pourquoi pas? Merci.

Nicolas: Salut Quentin. Ça va?

Quentin: Pas mal, et toi?

Nicolas: Moi? Je suis crevé. Je ne suis pas en forme.

Quentin: Vu ton état, il vaut mieux faire du sport.

Nicolas: Tu sais bien que je n'ai pas le temps.

Quentin: Tu as toujours une bonne excuse. À force de rester devant ton ordinateur, tu vas finir par devenir impotent.

Nicolas: Oui, tu as raison. Pour le bien-être au quotidien, il est important de faire du sport. Mais je n'aime pas courir. Ce n'est pas facile. Je préfère prendre des cours de yoga. Bon, je dois aller au travail. Je te laisse. Bonne journée et à bientôt.

Quentin: Au revoir, à la prochaine.

Notes 注释

1. Enchantée de vous connaître. 很荣幸认识您。

◇ enchanté,e 意思是"非常高兴的"。

◇ vous connaître 认识您。法语中宾语一般会位于相关动词之前。

2. Christine parle souvent de vous. 克里斯蒂娜经常谈起您。

◇ parler de qn./qch. 谈论某人/某物。

例如, parler du temps 谈论天气; parler de ta sœur 谈起你的姐妹。

3. C'est gentil. (您)真好。

4. Je n'ai pas soif. 我不渴。

◇ avoir soif 渴; avoir faim 饿; avoir chaud 热; avoir froid 冷。

法语中表示身体感受时,可以使用动词avoir加上一个不带冠词的名词。

5. Pourquoi pas ? 为什么不呢?

pourquoi是疑问词, 意思是"为什么"。

6. Pas mal. 还不错。

7. Je ne suis pas en forme. 我精神状态不太好。

◇ être en forme 精神状态好。

法语中可以用介词en加上一个表示状态的名词, 构成介词短语。比如, être en colère 生气; être en retard 迟到。

8. Il vaut mieux faire du sport. (你)最好是做一些运动。

◇ il vaut mieux 后面加上动词不定式, 意思是"最好做某事"。il在这里是形式主语。

◇ faire du sport 做运动。du是部分冠词的阳性单数形式。

9. Tu sais bien que je n'ai pas le temps. 你很清楚, 我没有时间。

◇ que在这里引导了一个从句。

◇ avoir le temps de faire qch. 有时间做某事。

例如, Je n'ai pas le temps de voyager. 我没有时间旅游。

10. À force de rester devant ton ordinateur, tu vas finir par devenir impotent. 总是坐在电脑前, 你的四肢最终会僵化的。

◇ à force de 是介词短语, 意思是"由于很多/大量的……"

例如, À force de patience, ils finiront par réussir. 由于充足的耐心, 他们最终会获得成功。

À force de forger, on devient forgeron. 熟能生巧。

《À force de t'aimer》王菲和陈奕迅合唱的中文歌曲《因为爱情》的法语版歌名。

◇ finir par faire qch. 最终、终于做某事。

例如, Tout finit par se savoir. 纸是包不住火的。

Leçon 4 Les rencontres / 相遇

11. Oui, tu as raison. 对，你说的在理。

◇ avoir raison 意思是"有理"。

12. Il est important de faire du sport. 做运动是很重要的。

il 在这里引出一个无人称句。后接 de 引导的动词不定式。

13. Je te laisse. 我先走了。

◇ laisser qn. 离开某人。

例如，Adieu, je vous laisse. 再见，我先走啦。

Vocabulaire 词汇

connaître	v.t.	知道, 认得, 了解	excuse	n.f.	借口
entrer	v.i.	进入, 加入	force	n.f.	力气, 力量, 权利
vouloir	v.t.	想要, 需要	rester	v.i.	停留, 留下, 保持
boire	v.t.	喝	devant	prép.	在……前面
quelque	adj.	某个, 少许	ordinateur	n.m.	电脑
chose	n.f.	东西, 事物	finir	v.t.	完成, 结束
jus	n.m.	汁, 汤汁	par	prép.	用, 以, 按照
orange	n.f.	柑, 桔, 橙	devenir	v.i.	变成, 变得
gentil,le	adj.	客气的, 友好的	impotent,e	adj.	残废的
soif	n.f.	渴	raison	n.f.	理由, 道理
mal	n.m.	疼痛, 不适	bien-être	n.m.	舒适, 安逸, 福利
	adj.	坏的, 不好的	quotidien	n.m.	日常生活
	adv.	坏地, 不充足		adj.	每天的, 日常的
crevé	adj.	爆裂的, <口>筋疲力尽的	important,e	adj.	重要的, 大量的
forme	n.f.	形态, 形式	courir	v.i.	跑, 赛跑
vu	prép.	鉴于, 由于, 考虑到	facile	adj.	容易的, 简单的
état	n.m.	状态, 情形	préférer	v.t.	宁愿, 更喜欢
valoir	v.i.	价值	yoga	n.m.	瑜伽
mieux	adj./adv.	更好的, 更好地	travail	n.m.	工作
sport	n.m.	运动	laisser	v.t.	让, 任凭, 留下
que	conj.	引出从句	journée	n.f.	白天, 日
temps	n.m.	时间, 天气	revoir	v.t.	重新看到, 再次见到
toujours	adv.	总是	prochaine,e	adj.	下一个的, 临近的

Notes de cours

Leçon 4   Les rencontres / 相遇

Grammaire 语法

Les pronoms personnels toniques 重读人称代词

1.重读人称代词

形式：

	单数	复数
第一人称	moi	nous
第二人称	toi	vous
第三人称	lui	eux
	elle	elles
	soi	

soi 所代替的对象一般是不明确的，在句中往往和泛指代词 (on, chacun) 或不确定的名词配合使用，也可用于无人称结构。

用法：

条件	例句
做主语的同位语，表示解释、说明或者加重语气	Lui, il est Français.
在介词后	Je vais à l'école avec lui.
在 c'est 等结构后	C'est qui? C'est moi.
在省略句中	Je vais bien, et toi?
无人称句中或主语不确指的时候	Il ne faut pas toujours penser à soi. 不能总考虑自己（无人称句）。

2. 重读人称代词的强调词形

	单数	复数
第一人称	moi-même	nous-mêmes
第二人称	toi-même	vous-même(s)
第三人称	lui-même	eux-mêmes
	elle-même	elles-mêmes
	soi-même	

为了加重语气，重读人称代词后可接单数形容词 même，表示"某某自己"。要注意的是泛指形容词 même 有数的变化。

例如：Il fait les devoirs lui-même. 他自己写作业。

Nous travaillons pour nous-mêmes. 我们是为自己工作。

Les adjectifs démonstratifs 指示形容词

指示形容词意为"这个、这些"用来限定或者特指名词，其作用与冠词相同。名词前如果用了指示形容词，就不再用冠词。指示形容词也有性、数之分。

	阳性	阴性
单数	ce/cet	cette
复数	ces	

修饰阳性单数名词时，如果名词前以元音字母或以哑音h起始，指示形容词要从ce变为cet，并与后接名词联诵。

如：un ingénieur → cet ingénieur　un arbre → cet arbre

Omission de l'article 冠词的省略

在以下的几种情况中，需要省略冠词：

表示职业、身份、国籍，用作表语时（例外：ce做主语，或者表语有形容词修饰时）	Il est Français. 他是法国人。 Xavier est vendeur. Xavier是售货员。
名词前有其他限定词：疑问形容词、指示形容词等	Quel étudiant? 哪个学生？ Cet homme est grand. 这位男士很高大。
表示性质的名词补语	une carte d'étudiant 学生证 un professeur d'histoire 历史老师 un jus d'orange （一杯）橙汁
同位语或称呼前	Oui, chef! 是，头儿！ Monsieur, merci de passer par là. 先生，请走这边。 Paris, capital de la France est une ville romantique. 法国的首都巴黎是一个很浪漫的城市。
表示列举时	Tout le monde descend dans la rue: femmes, hommes, enfants, vieux... 所有人都到路上来了：女人、男人、孩子、老人……
名词用作标题、告示、招牌、路名等	Salon de coiffure 理发店 Il habite rue Victor Hugo. 他住在维克多雨果路。
在数量副词beaucoup de, peu de, combien de, assez de, trop de等词后面时	Il a beaucoup d'argent. 他有很多钱。 Combien d'élèves y a-t-il dans ta classe? 你们班有多少学生？

Le présent de l'indicatif des verbes du 2ⁿᵈ groupe 第二组动词的直陈式现在时变位

直陈式第二组动词是指部分以-ir结尾的动词，它们的变位也是规则的。这组动词的规则是去掉词尾-ir, 在各人称后分别加上-is, -is, -it, -issons, -issez, -issent. 如：

finir	
je finis	nous finissons
tu finis	vous finissez
il finit	ils finissent
elle finit	elles finissent

Conjugaison 动词变位

connaître	
je connais	nous connaissons
tu connais	vous connaissez
il connaît	ils connaissent
elle connaît	elles connaissent

vouloir	
je veux	nous voulons
tu veux	vous voulez
il veut	ils veulent
elle veut	elles veulent

valoir	
je vaux	nous valons
tu vaux	vous valez
il vaut	ils valent
elle vaut	elles valent

courir	
je cours	nous courons
tu cours	vous courez
il court	ils courent
elle court	elles courent

	boire
je bois	nous buvons
tu bois	vous buvez
il boit	ils boivent
elle boit	elles boivent

Compréhension orale 听力练习

I. Vous allez entendre six phrases, après chaque phrase vous aurez 30 secondes pour dire si c'est une phrase interrogative ou affirmative. 您会听到六个句子，每个句子读完后会有30秒的时间用于判断这是一个疑问句还是陈述句。

	Interrogation	Affirmation
Phrase 1		
Phrase 2		
Phrase 3		
Phrase 4		
Phrase 5		
Phrase 6		

II. Vous allez entendre deux fois l'enregistrement, vous aurez 2 minutes pour compléter vos réponses. 您将听两遍下段录音，然后有两分钟的时间作答。

—Bonjour Madame!

—Bonjour Monsieur! Je viens d' _____ à Paris. Je suis ici _____ un jour, qu'est-ce que vous me conseillez (建议) de _____?

—Un jour! Voyons voir… Un jour pour _____ Paris, c'est très _____!

—Oui, je sais (知道) mais je _____ repartir en Belgique vendredi.

—Vous pouvez visiter la tour Eiffel et les Champs-Élysées, déjeuner (用午餐) dans un restaurant près de l'Arc de Triomphe puis visiter les Invalides (荣军院).

—Très bien. Merci, Monsieur.

Exercices 习题

I. Complétez les phrases selon l'exemple. 根据例句填空。

1. <u>Cette</u> chambre, c'est <u>ma</u> chambre.

2. _____ valise, c'est _____ valise.

3. _____ journal, c'est _____ journal.

4. _____ lits, ce sont _____ lits.

5. _____ table, c'est _____ table.

6. _____ photos, ce sont _____ photos.

II. Complétez les phrases avec les verbes donnés. 用所给动词完成句子。

1) boire

Nous _____ un café.

Ils _____ du thé (茶).

Vous _____ de l'eau (水).

Je _____ un jus de banane.

Elle _____ un jus d'orange.

2) vouloir

Je _____ un ticket de ciné.

Il _____ faire du sport.

Nous _____ finir nos devoirs.

Elle _____ habiter à Paris.

Tu _____ une jolie maison.

Vous _____ apprendre le chinois.

Ils _____ devenir un professeur.

III. Transformez les phrases selon l'exemple. 根据例子改写句子。

Ex: Le stylo est à moi.

　　C'est mon stylo.

1) Les photos sont à Marie et Anne.

_____

_____

2) L'ordinateur est à Pierre.

_____

_____

3) La belle maison est à mon mari et moi.

_____

_____

4) Les tickets de ciné sont à ta femme et toi.

_____

_____

5) Cette valise est à toi.

_____

_____

6) Le livre est à Quentin et Louis.

_____

_____

IV. Répondez aux questions selon l'exemple. 根据例子，回答问题。

Ex: À qui est la maison ? À Thibaut ?

Oui, c'est à lui.

Non, ce n'est pas à lui.

1) À qui est la banane ? À Guillaume et François ?

Oui, _____

Non, _____

2) À qui est ce livre ? À nous ?

Oui, _____

Non, _____

3) À qui est la photo ? À toi ?

Oui, _____

Non, _____

4) À qui est le cahier ? À Sophie et Patricia ?

Oui, _____

Non, _____

V. Complétez les phrases suivantes avec les adjectifs possessifs ou les adjectifs démonstratifs. 用主有形容词和指示形容词完成下列句子。

1) À qui est _____ voiture ?

2) Pierre va souvent chez _____ parents.

3) _____ journalistes travaillent chez AFP (法新社).

4) Aline et Marie font _____ devoirs.

5) Julie a des photos de _____ famille.

6) _____ ordinateur est à toi ?

Leçon 4　Les rencontres / 相遇

7) Paul ne veut pas faire _____ exercices.

8) _____ maison est à la famille Blanc.

VI. Complétez le texte suivant avec les mots donnés. 用所给词补全文章。

Louane et Léa (venir) _____ de France. Elles sont (étudiant) _____ à Pékin. Elles (faire) _____ leurs études à l'Université Tsinghua. Elles (commencer) _____ à (apprendre) _____ le chinois depuis deux ans. Maintenant, elles (parler) _____ bien chinois. Dans leur classe, il y (avoir) _____ beaucoup d'étudiants étrangers. Tiens, elles (venir) _____ de finir leur cours de yoga. Le sport est important dans la vie quotidienne, n'est-ce pas ? Youpi ! Après le sport, c'est l'heure de (manger) _____.

VII. Transformez les phrases au pluriel. 将句子中的单数形式变成复数形式。

1) La chaise (凳子) est à côté de la porte.

_____

_____

2) Il y a un ordinateur de Bruno sur la table.

_____

_____

3) C'est un livre à moi.

_____

_____

4) Mylène a une sœur, elle est étudiante.

_____

_____

VIII. Traduisez les phrases suivantes en français. 汉译法。

1) 为什么他说的在理(为什么他是对的)？

_____

_____

2) 我刚刚做完作业。我累坏了，我想喝苹果汁。

_____

_____

3) 马上就要下雨了，他宁愿留下来。

_____

_____

4) 为了日常的安康，我奶奶吃得不油腻。
_____
_____

5) 我父亲喜欢做运动，也喜欢练习瑜伽。
_____
_____

6) 你是对的，这份工作不简单。
_____
_____

7) 天气晴朗，最好留下来跟我们一起晚餐。
_____
_____

8) 健身很重要，总是待在电脑前不好。
_____
_____

9) 由于不断地鼓气，他工作得更好了。
_____
_____

10) 我认识Thomas，他总是状态很好。
_____
_____

IX. Compréhension écrite. 阅读理解。

Je m'appelle Jessica

Je m'appelle Jessica. Je suis une fille, je suis Française et j'ai 13 ans. Je vais à l'école à Nice, mais j'habite à Cagnes-Sur-Mer. J'ai deux frères. Le premier s'appelle Thomas, il a quatorze ans. Le second s'appelle Yann et il a neuf ans. Mon papa est Italien et il est fleuriste (花匠). Ma mère est Allemande (德国人) et elle est avocate (律师). Mes frères et moi parlons français, italien et allemand à la maison. Nous avons une grande maison, un chien, un poisson (鱼) et deux chats.

Aujourd'hui, on est samedi, nous rendons visite (拜访) à notre grand-mère. Elle a 84 ans et elle habite à Antibes. J'adore ma grand-mère, elle très gentille. Elle fait de bons gâteaux (糕点).

Leçon 4　Les rencontres / 相遇

Lundi, je retourne à l'école. Je suis contente, je vais voir Amélie. C'est ma meilleure amie. J'aime beaucoup l'école. Mes matières préférées sont le français et le sport. J'aime beaucoup lire (阅读) et je nage (游泳) très bien.

1. Jessica a _____ ans.
   A. treize　　　　　B. quatorze　　　　C. neuf　　　　　D. quinze
2. Le père de Jessica a _____ enfants.
   A. un　　　　　　B. deux　　　　　　C. trois　　　　　D. quatre
3. Jessica habite à Cagnes-Sur-Mer avec _____.
   A. sa grand-mère　B. ses parents　　　C. son père　　　D. sa mère
4. La famille de Jessica habite à _____.
   A. l'école　　　　B. Antibes　　　　　C. Cagnes-Sur-Mer　D. Paris
5. Jessica aime _____.
   A. faire des gâteaux　B. lire　　　　　C. les fleurs　　　D. les poissons
6. A l'école, Jessica aime les cours de _____.
   A. lecture (阅读)　　　　　　　　　　B. natation (游泳)
   C. sport　　　　　　　　　　　　　　D. jardinage (园艺)

X. Mettez les verbes du 2ⁿᵈ groupe entre parenthèses à la forme convenable. 用第二组动词的变位形式填空。

1. Nous (finir) _____ bientôt la pizza.
2. Vous (choisir, 选择) _____ partir ou rester ?
3. Ils (applaudir, 鼓掌) _____ à notre projet (项目).
4. Tu (finir) _____ quand ?

XI. Reconstituez les conjugaisons des verbes « partir » et « dormir ». 用 **partir** 和 **dormir** 的变位填空。

	partir (出发, 开始)	dormir (睡觉)
Je		
Tu		
Il/Elle/On		
Nous		
vous		
Ils/Elles		

Lecture – Pendaison de crémaillère

Objet: Pendaison de crémaillère!

Bonjour à tous!

Nous venons de déménager. Nous sommes très contents de notre nouvel appartement. C'est beaucoup plus lumineux et spacieux qu'avant! Vous devez venir le visiter. On va organiser la pendaison de crémaillère le 5 juillet et on espère tous vous voir !

Pour venir chez nous, c'est simple : vous prenez le bus n°4 en direction de la Vieille Colline et vous descendez à l'arrêt Beauregard. Ensuite, vous prenez le petit chemin sur la droite et vous marchez jusqu'au bout. Notre maison se trouve au bout puis à gauche du petit chemin.

Envoyez-nous un e-mail pour nous confirmer votre visite. Vous pouvez venir à partir de 19 heures.

À très bientôt,

Sophie et Paul

Vocabulaire 词汇

Pendaison de crémaillère		乔迁派对	arrêt	n.m.	(公交车)站; 停止, 停顿
appartement	n.m.	公寓, 套房	Beauregard		博勒加尔
lumineux,se	adj.	发光的, 明亮的	chemin	n.m.	道路, 小路; 路线, 路程
spacieux,se	adj.	宽敞的	marcher	v.i.	走路, 步行; 前进
avant	prép./adv.	在……以前, 在……前面; 以前	jusqu'à	prép.	直到, 直至
organiser	v.t.	组织; 安排, 筹划	bout	n.m.	尽头, 终点
espérer	v.t.	希望, 期望	trouver	v.t.	找到; 发现
simple	adj.	单一的; 简单的	puis	adv.	然后, 随后
bus	n.m.	公交车	envoyer	v.t.	寄, 送; 派遣
direction	n.f.	方向	confirmer	v.t.	证实, 确认; 认可, 批准
descendre	v.i.	下来, 下去; 降落, 落下	heure	n.f.	时间, 小时

Leçon 4　Les rencontres / 相遇

Notes 注释

1. **Pendaison de crémaillère！乔迁派对！**

   名词短语，指为庆贺搬迁新居而举办的庆祝活动。

2. **Nous sommes très contents de notre nouvel appartement. 我们对新居深感满意。**

   ◇ être content de qch. 对……感到满意

   Julien est très content de son nouvel ordinateur. Julien 对他的新电脑感到很满意。

3. **C'est beaucoup plus lumineux et spacieux qu'avant ! 新房子比老房子光线更足，空间更大！**

   ◇ plus 是比较级的用法，后加 que 引出比较对象。如，

   Il est plus grand que son petit frère. 他比他的弟弟更高。

4. **Notre maison se trouve au bout puis à gauche du petit chemin. 我们的房子就在路的尽头，那条小路的左侧。**

   ◇ se trouver 位于

   Changsha se trouve dans le Sud de la Chine. 长沙位于中国南部。

5. **Envoyez-nous un e-mail pour nous confirmer votre visite. 请以邮件方式确认您的来访。**

   envoyez-nous 是命令式。肯定命令式需要去掉句子主语，表达一种请求、命令的语气。命令式中，宾语人称代词 vous 应置于谓语动词之后，并用连字符连接。

6. **Vous pouvez venir à partir de 19 heures. 下午七点开始，你们就可以过来了。**

   ◇ à partir de 从……开始，固定搭配。

   这里指 soirée 从 19 点开始，所以宾客可以从 19 点开始陆陆续续到达。

   Attention, à partir du 1er juillet et jusqu'au 2 septembre, les horaires de bus changent ! 注意啦，7月1日到9月2日期间，公交车班次有变动哦！

Répondez aux questions suivantes selon le texte 根据课文内容回答下列问题

a) C'est un message :

　　A. public　　　　　　　　　　B. amical

　　C. professionnel　　　　　　　D. d'amour

b) Pourquoi Sophie et Paul écrivent ce message ?

　　A. Pour faire visiter leur appartement.

　　B. Pour inviter leurs amis à dîner.

　　C. Pour leur donner leur nouvelle adresse professionnelle.

c) Où se trouve la maison de Sophie et Paul ?

    A. À gauche du chemin.

    B. À droite du chemin.

    C. En face du chemin.

d) Est-ce que les invités peuvent venir quand ils veulent ?

    A. Oui.   B. Non.   C. On ne sait pas.

Lexique complémentaire – Les expressions, les émotions et la personnalité 表达，情感与个性

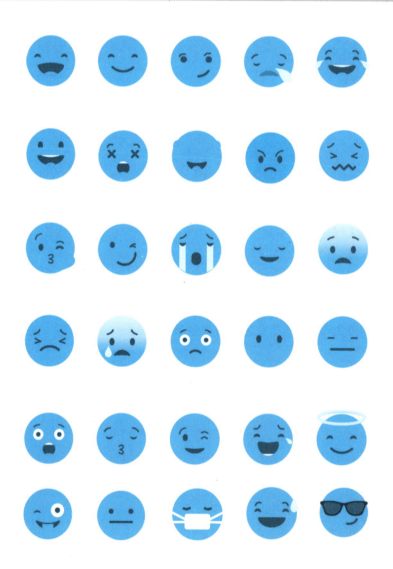

Leçon 4　Les rencontres / 相遇

rire	v.i.	笑	sympathique	adj.	随和的, 友善的
sourire	v.i./n.m.	微笑	lunatique	adj.	善变的
pleurer	v.i.	哭	têtu	adj.	顽固的
avoir de la peine		痛苦的	conciliant	adj.	随和的
avoir confiance en soi		有自信的	intéressant	adj.	有趣的
en colère		生气的	enthousiaste	adj.	热心的
content	adj.	高兴的	sincère	adj.	真诚的
triste	adj.	伤心的	lent	adj.	迟钝的
excité	adj.	兴奋的	vif	adj.	机灵的
surpris	adj.	惊讶的	compatissant	adj.	有同情心的
inquiet	adj.	担心的	difficile	adj.	难以相处的
embarrassé	adj.	尴尬的	dur	adj.	严厉的
détendu	adj.	轻松的	maladroit	adj.	笨手笨脚的
timide	adj.	害羞的	bavard	adj.	话多的, 健谈的, 多嘴的
chaleureux	adj.	热情的	maniaque	adj. /n.	偏执的, 狂躁的
froid	adj.	冷漠的			

Palier 1 阶段复习 1

I. Complétez avec les pronoms sujets, donnez toutes les solutions possibles. 用主语人称代词填空，给出所有可能的答案。

_____ regardons	_____ devez	_____ veulent
_____ faites	_____ ont	_____ sommes
_____ vas	_____ aimez	_____ m'appelle
_____ habite	_____ doivent	_____ vient

II. Mettez les phrases suivantes au pluriel. 将下列句子变成复数形式。

1. L'amie de Christine habite à Nice.
   _____

2. La photo de mariage de Mari est là.
   _____

3. C'est le livre du professeur.
   _____

4. Elle parle de l'ordinateur IBM.
   _____

5. Tu ne dois pas toujours rester devant l'ordinateur.
   _____

III. Écrivez en toutes lettres les numéros de téléphone. 将下列电话号码用字母的方式写出。

1. 05 33 26 87 64
   _____

2. 06 52 97 88 12
   _____

3. La France a une superficie de _____ (550 000) kilomètres carrés et une population de _____ (66 896 000) d'habitants. Elle compte _____ (22) régions et _____ (96) départements.

IV. Utilisez l'article défini ou indéfini qui convient. 用合适的定冠词或不定冠词填空。

1. Il adore _____ musique de Beethoven.
2. Pardon, monsieur, _____ train (火车) pour Aix-en-Provence (艾克斯普罗旺斯), s'il vous plaît ?
3. Le Crillon (克莱翁) est _____ grand hôtel à Paris.
4. Ils ont _____ dollars et _____ euros.
5. J'aime _____ cuisine française.
6. C'est _____ grand musée, mais _____ peintures (画) ne sont pas intéressantes.
7. Pierre étudie dans _____ école italienne.
8. Voici _____ appartement de Julie.

V. Complétez les phrases suivantes avec les verbes « être », « avoir », « faire », « aller », ou « prendre ». 用动词 être, avoir, faire, aller 或 prendre 将下列句子补充完整。

1. Qu'est-ce que vous _____ le dimanche ?
2. Mes amis _____ du sport ou ils _____ au cinéma ?
3. Moi, je _____ à Paris depuis cinq jours.
4. Les enfants _____ des photos du château de Versailles.
5. Ma mamie aime _____ la cuisine.
6. Le matin, je _____ souvent du jus d'orange et du pain grillé.
7. Je _____ d'accord avec toi : faire du sport est important.
8. Ils _____ raison, le professeur est en colère.
9. Je vais _____ ma douche (洗澡).
10. Après le sport, nous _____ faim.

VI. Complétez par « aller » ou « partir ». 用 aller 或 partir 填空。

1. Vous _____ quand ?
2. Nous _____ au restaurant le samedi soir.
3. Ça _____ bien ?
4. Elles _____ demain matin.
5. Comment est-ce que tu _____ ? En métro (地铁) ou en voiture ?

VII. Complétez par « il y a » ou « c'est ». 用 il y a 或 c'est 填空。

1. _____ le professeur de biologie.

2. _____ une bibliothèque juste en face.

3. _____ difficile ?

4. _____ ma femme, Emma.

5. _____ une bonne école française dans la ville.

6. _____ facile à comprendre (理解).

VIII. Complétez par « est-ce que » ou « qu'est-ce que ». 用 est-ce que 或 qu'est-ce que 填空。

1. _____ vous habitez à Shanghaï ?

2. _____ c'est ?

3. _____ vous faites ?

4. _____ ils vont souvent au théâtre ?

5. _____ elle boit ?

6. _____ vous voyez ?

7. _____ tu viens ?

8. _____ elles prennent ?

IX. Posez une question en utilisant la forme « vous ». 用第二人称vous提问。

Exemple : Je fais mes études à Rouen. → Où est-ce que vous faites vos études ?

1. _____ ?

   J'habite à Cannes.

2. _____ ?

   Je suis biologiste (生化学家, 化验师).

3. _____ ?

   Oui, je suis célibataire (单身).

4. _____ ?

   Je mange avec mes collègues (同事).

5. _____ ?

   Parce que (因为) j'aime Paris.

6. _____ ?

   Je vais partir à 17h.

7. _____ ?

   Si, j'ai des enfants.

X. Complétez le texte par les adjectifs possessifs. 主有形容词填空。

_____ chéri (亲爱的), je ne trouve pas _____ clés (钥匙). Normalement, elles sont dans _____ sac à main. Ah oui, je vais dîner avec _____ amis Marcel et Guillaume ce soir. C'est horrible, je ne trouve pas _____ adresse. Est-ce que j'ai _____ numéros de portable ? Ça y est ! Je les trouve ! Gros bisous.

XI. Répondez aux questions suivantes par la négative. 用否定句回答下列问题。

1. Vous avez un problème ?
   Non, _____.

2. Renaud a beaucoup d'amis ?
   Non, _____.

3. Tu aimes le café ?
   Non, _____.

4. A-t-il des cousins ?
   Non, _____.

5. Bois-tu du café ?
   Non, _____.

XII. Donnez le féminin des adjectifs suivants, puis formez l'adverbe. 给出下列形容词的阴性形式，然后写出其副词形式。

Exemple：parfait (完美的)　　parfaite　parfaitement

1. facile _____ _____
2. gentil _____ _____
3. spacieux _____ _____
4. simple _____ _____
5. spécial _____ _____
6. certain _____ _____
7. normal _____ _____
8. libre _____ _____

XIII. Complétez par les articles ou prépositions qui conviennent. 用合适的冠词或介词填空。

1. Est-ce qu'il reste encore _____ eau dans le frigo (冰箱) ?
2. Mon copain Pierrick a _____ yeux bleus.

3. Il va partir bientôt _____ États-Unis.

4. Pascal aime faire _____ Yoga.

5. Elle parle _____ directeur.

6. Le maire arrive _____ 8 heures.

7. Elle va partir _____ Corée avec son mari.

8. Il n'étudie pas, il est toujours _____ café.

9. On a rendez-vous _____ aéroport.

10. Avant _____ commencer, j'aimerais vous présenter le sénateur.

XIV. Complétez par les prépositions qui conviennent. 用合适的介词填空。

1. Ils s'installent (安顿) _____ France.

2. Je veux partir _____ Italie.

3. Vous habitez _____ Toronto ?

4. Il y a du coca _____ le frigo.

5. Il a une maison _____ États-Unis.

6. Nous allons aller _____ Versailles.

7. Ce soir, je vais dîner _____ mes amis.

8. J'aimerais aller en Provence _____ voir les champs de lavande (薰衣草田).

9. _____ Lyon, il y a une très belle cathédrale (大教堂).

10. – Vous allez _____ Maroc ? – Oui, _____ Casablanca.

11. L'école est _____ la bibliothèque.

12. Le parfum est _____ la table.

13. Allez _____ bout de la rue, vous allez trouver l'arrêt de bus Stalingrad.

14. Ces exercices sont faciles _____ nous.

15. Il fait un discours (演讲) _____ la protection des animaux.

XV. Faites des phrases avec les expressions suivantes. 用下列表达造句。

1. à côté de

_____

2. à partir de

_____

3. Il vaut mieux

_____

4. avoir raison

_____

Palier 1　阶段复习 1

5. à force de

6. avec plaisir

XVI. Traduisez les phrases en français. 将句子翻译成法语。

1. 广东在中国的南部。

2. 我今晚没有时间。

3. 你不要总是有借口。

4. 我留在巴黎，为了我的学业。

5. 公交车站离我的公寓有点远。

XVII. Faites une présentation personnelle (80 mots +). 做一个不少于80字的自我介绍。

Leçon 5 — Le nouveau travail
新工作

Alexandre: Tiens, Marion ! Salut, ça va ?

Marion: Bien, Merci, Et toi ?

Alexandre: Très bien aussi, merci ! Alors, quoi de neuf ?

Marion: Eh bien, je travaille comme informaticienne dans une entreprise internationale.

Alexandre: C'est vrai ? Quelle bonne nouvelle ! Es-tu contente de ton travail ?

Marion: Oui, j'aime bien mon travail. C'est un boulot intéressant.

Alexandre: L'entreprise demande-t-elle de parler anglais ?

Marion: Oui, bien sûr. L'anglais est indispensable. Tu sais que je pratique mon anglais sur internet depuis mon lycée ?

Alexandre: Ah oui ? C'est génial ! Quel est l'horaire de ton nouveau travail ?

Marion: Je travaille de 9 heures à 17 heures, comme tout le monde.

Alexandre: C'est un horaire raisonnable. Je suis content pour toi.

Marion: Merci. C'est gentil. Au fait, tu joues encore au basket ?

Alexandre: Oui, je joue encore au basket, et je continue à faire du jogging. On prend un verre pour en parler ?

Marion: Avec plaisir.

Leçon 5　Le nouveau travail / 新工作

> Notes 注释

1. **Quoi de neuf ? 有什么新鲜事吗？**

    形容词修饰代词quoi时，需要加上de，如quoi de spécial ? 有什么特别的吗？

2. **je travaille comme informaticienne dans une entreprise internationale. 我作为计算机工程师在一个跨国公司工作。**

    ◇ comme 作为……（身份）。

    例如，comme professeur 作为老师。后接不带冠词的名词。

3. **Quelle bonne nouvelle ! 真是个好消息！**

    ◇ quel, le 此处为感叹形容词，意思是"多么、何等"。

    例如，Quel dommage ! 多可惜啊！　Quelle drôle idée ! 多么可笑的念头！ Quel beau temps ! 多么好的天气！

4. **L'entreprise demande-t-elle de parler anglais ? 公司要求说英语吗？**

    ◇ demander de faire qch. 要求做某事。

    例如，Ma mère me demande de laver les mains avant de manger. 我妈妈要求我饭前洗手。demander 的主语是 ma mère，laver 的主语是 me(je)。

5. **Tu sais que je pratique mon anglais sur internet depuis mon lycée ? 你知道我从高中开始就一直在网上练习英语吗？**

    depuis 意思是"自……以来"。例如，depuis longtemps 长久以来。

6. **Quel est l'horaire de ton nouveau travail ? 你新工作的工作时间是怎样的？**

    ◇ quel, le 此处作特殊疑问词，意思是"什么样的、哪一类的"，可用于句首引出特殊疑问句。

    例如，Quelle discipline aimes-tu ? 你喜欢哪一门课？

7. **tu joues encore au basket ? 那么现在你还打篮球吗？**

    ◇ jouer au basket, 打篮球。basket 表示"篮球运动"。表示做某项球类运动或棋牌类等游戏时，常用jouer à这个结构。

    —— jouer au football 踢足球

    —— jouer au tennis 打网球

    —— jouer aux cartes 打牌

    —— jouer aux échecs 下国际象棋

    —— jouer aux échecs chinois 下中国象棋

    —— jouer à cache-cache 躲猫猫

    ◇ jouer 也可以用来表示演奏某种乐器，此时用jouer de这个结构。

    —— jouer du piano 弹钢琴

——jouer du violon 拉小提琴

——jouer de la guitare 弹吉他

——jouer de la trompette 吹小号

8. et je continue à faire du jogging. 而且我还在坚持慢跑。

◇ faire du jogging 慢跑。du 是部分冠词,用来限定不可数名词。

9. On prend un verre pour en parler ? 我们去喝一杯聊一聊吗?

en 是副代词,等于 de + qch.。这里代指 parler de qch. (谈论某事)中的 de qch.。具体用法见课后语法。

10. Avec plaisir. 乐意奉陪。

用于回答别人的邀请。例如,

——Voulez-vous dîner avec moi ? 您愿意和我一起吃晚餐吗?

——Avec plaisir ! 很乐意!

Vocabulaire 词汇

quoi	pron. interr.	什么	lycée	n.m.	公立高中
neuf, ve	adj.	新的	sur	prép.	[表示位置]在……上面
travailler	v.i.	工作,学习,练习	internet	n.m.	互联网,因特网
comme	conj.	作为,如同	génial	adj.	<口>绝妙的
informaticien, ne	n.	计算机编程员	horaire	n.m.	时间表,时刻表
entreprise	n.f.	企业	tout, e	adj.	所有的,全部的
international, e	adj.	国际的	raisonnable	adj.	合理的
vrai, e	adj.	真的,真实的	fait	n.m.	事实,实际
nouvelle	n.f.	消息,(报纸、电台的)新闻	jouer	v.i.	游戏,玩耍
content, e	adj.	高兴的,满意的	basket	n.m.	<英>篮球;篮球运动
boulot	n.m.	<口>活儿,工作	encore	adv.	还,仍,又,再,更
intéressant, e	adj.	有趣的	continuer	v.t.	继续
demander	v.t.	要求,请求,需要	jogging	n.m.	跑步,慢跑
indispensable	adj.	必不可少的,必需的	prendre	v.t.	拿,取,抓,吃,喝
savoir	v.t.	知道,晓得,记住	verre	n.m.	杯子
pratiquer	v.t.	实施,实践			

Notes de cours

Grammaire 语法

Les articles partitifs 部分冠词

部分冠词是介词与定冠词相结合的一种缩写形式，用于表示一个不确定的数量或不可计数的总量的一部分，有以下几个形式：

性数	阳性	阴性
单数	du (de l')	de la (de l')
复数	des	

△注意：

1. 在以元音和哑音h起始的单数名词前无论阴阳性均要用de l'。
2. 不可数的名词表示总体概念时是确指的，用定冠词。

☆用法：

部分冠词和不定冠词一样，都表示它所限定的名词是不确指的。然而，不定冠词修饰可数名词，部分冠词则用于不可数名词前。

用于不确指又不可数名词前	Tu veux prendre du jus d'orange ? 你要来一些橙汁吗？ Je prends de l'eau. 我要一些水。 écouter de la musique 听音乐 des légumes 一些蔬菜
用于抽象名词前	Tu as de la chance. 你运气真好。 J'ai du mal à parler. 我有点儿说话困难。
faire + 名词，表示"从事"、"做"	faire des études 就学 faire du sport 做运动 faire du jogging 慢跑

Le pronom adverbial « en » 副代词en

代替"不定冠词+名词"，作宾语	Avez-vous des enfants? 您有孩子吗？ Oui, j'en ai. (en = des enfants) 是的，我有。 Non, je n'en ai pas. 不，我没有。
代替"部分冠词+名词"，作宾语	Tu veux prendre de l'eau ? 您要来一些水吗？ Oui, j'en prends. 是的，我要一些。 Non, je n'en prends pas. 代词en的基本用法是代替"de + ..."，可以指人或物，一般放在动词前面。

Leçon 5 Le nouveau travail / 新工作

代替由数词限定的名词,作数词或数量副词的补语	Combien d'enfants avez-vous ? 您有几个孩子呀? J'en ai deux. (= J'ai deux enfants) 我有两个。
代替以介词de引导的形容词补语、动词间接宾语或地点状语等,不能代人	Sébastien est-il content de son nouveau travail? Sébastien对他的新工作满意吗? Oui, il en est content. (= Il est content de son nouveau travail). 是的,他(对新工作)很满足。 Il parle de son travail ? 他谈论他的工作? Oui, il en parle souvent. 是的,他经常谈论(他的工作)。 Vous venez de Lyon ? 您来自里昂? Oui, j'en viens. 是的,我来自那儿。

Les adjectifs interrogatifs et exclamatifs 疑问形容词和感叹形容词

疑问、感叹形容词quel共有四种形式:

单数		复数	
阳性	阴性	阳性	阴性
quel	quelle	quels	quelles

a) 疑问形容词用于疑问句

　　Quel est votre nom s'il vous plaît ? 请问您贵姓?

　　Quel âge a-t-elle ? 她多大了?

　　Quelle est votre adresse e-mail ? 您的邮件地址是什么?

　　Quelle est la capitale d'Allemagne ? 德国的首都是什么?

　　Quel livre préfères-tu ? 你选择哪一本书?

　　Avec quelles cartes allons-nous jouer ce soir ? 我们今晚玩什么牌?

　　Pour quelle entreprise travailles-tu ? 你给哪家公司工作?

　　De quel livre parlez-vous ? 你们在谈论哪一本书?

b) 感叹形容词用于感叹句

　1) quel + n. (无冠词)

　　　Quelle vitesse ! 什么速度!

　　　Quel temps ! 什么天气!

　　　Quelle horreur ! 太恐怖了!

　2) quel + adj.+ n. (无冠词)

　　　Quelle belle voiture ! 好漂亮的车!

　　　Quelle jolie fille ! 哇,美女!

3) quel + adj. + n. (无冠词) + 陈述语序 / quel + n. (无冠词) + adj. + 陈述语序

Quelle belle voiture tu as ! 你的车真漂亮呀!
Quelle fille extraordinaire tu es ! 你真是个特别的女孩!

Les éléments d'une phrase 句子的主要成分

主要成分	例句		简析
主语	Morgane apprend le français.	Morgane学习法语。	动作的施动者
谓语	J'adore l'Italie.	我喜欢意大利。	表示动作
	Sophie Marceau est actrice.	苏菲玛索是一名女演员。	表示状态
表语	La Chine est grande. Il devient fou.	中国幅员辽阔。 他疯了。	表示主语的特征、状况、身份等，一般位于系动词后
直接宾语	Louis a un frère. Il mange du pain.	Louis有一个兄弟。 他在吃面包。	表示主语动作施加之对象，直接与动词连接
间接宾语	Chloé parle à Jean-Marc. Je téléphone à mon médecin.	Chloé 在 和 Jean-Marc 说话。 我给我的医生打电话。	表示主语动作施加之对象，一般由介词引导与动词连接
状语	Alain va à l'école avec Pierre. J'ai un rendez-vous à 14h.	Alain和Pierre一起上学。 我14点有个约会。	对动词起修饰、限制、补充作用，主要表示时间、地点、原因、方式、目的、条件等
补语	Arthur est étudiant de Paris 1. une robe de mariée une chambre sans lit une chemise en coton	Arthur 是巴黎一大的学生。 婚纱 没床的房间 棉衬衣	补语起修饰作用，用来补充说明句中某一成分意义

语句中连接主语和表语的动词被称为系动词，表语一般紧接系动词(verbe d'état)。

Liste des verbes d'état:

être, composer, former, constituer, représenter, (se) faire, servir de, (re) devenir, (re) tomber, passer pour, rester, demeurer, sembler, (ap) paraître, avoir l'air, s'annoncer, se montrer, s'avérer, s'affirmer, se révéler, se trouver, être considéré comme, naître, vivre, mourir, (re) tourner et tous les verbes pronominaux de sens passif (s'appeler) (所有表示被动意义的代词式动词如s'appeler) 。

Leçon 5 Le nouveau travail / 新工作

Conjugaison 动词变位

savoir	
je sais	nous savons
tu sais	vous savez
il sait	ils savent
elle sait	elles savent

prendre	
je prends	nous prenons
tu prends	vous prenez
il prend	ils prennent
elle prend	elles prennent

Même conjugaison pour apprendre

Compréhension orale 听力练习

I. Vrai ou faux ? Répondez en cochant la case correspondante. 判断正误，在合适的方格里做记号。

	VRAI	FAUX
1. J'adore cette robe.		
2. Mon frère est travailleur.		
3. Ma mère a 45 ans.		
4. Louise est contente de son travail.		
5. Il veut un jus de pomme.		
6. Je vais toujours habiter à Paris.		

II. Vous allez entendre quatre enregistrements. Chaque enregistrement sera répété deux fois. Vous aurez 30 secondes entre chaque enregistrement pour répondre aux questions suivantes. 您会听到四段录音。每段录音会重复两次。每段录音之间会停顿30秒用于回答相应的问题。

1. Quel âge ont ses enfants ?

    Le garçon: _____

    La fille: _____

2. Qui vont venir manger ? (QCM : questions aux choix multiples)

    A. Paul   B. Cécile   C. Catherine   D. Pauline

3. Le fille est _____.

    A. Française   B. Belge   C. Italienne

4. Pourquoi Inès n'est pas là ?

    A. Elle rentre vendredi.

    B. Elle est en vacances.

    C. Elle à la maison.

Exercices 习题

I. Verbe « faire » ou « prendre » ? 动词 « faire » 还是 « prendre »?

1. Je _____ un café.
2. Ils _____ leur petit-déjeuner (早餐).
3. Nous _____ les exercices.
4. Aline _____ une bière (啤酒).
5. Vous _____ le taxi ou le métro (的士还是地铁) ?
6. Mon amie aime _____ le ménage (家务).
7. Il va _____ l'ascenseur (电梯).
8. Tu peux _____ cette valise s'il te plaît ?
9. Nous allons _____ du sport.
10. Mon cousin _____ ses études à l'Université de Tsinghua (清华).
11. Vous allez _____ la première rue (路) à gauche.
12. Que _____ tu maintenant ?

II. Répondez aux questions suivantes avec « en ». 用 en 回答下列问题。

1. Est-ce que tu as des frères ou sœurs ?
   Non, _____. Je suis fille unique.
2. Lucia prend des légumes et du poisson au dîner ?
   Oui, _____.
3. Est-ce qu'il va donner de l'argent à ton père quelques jours plus tard ?
   Bien sûr que oui. Il _____. J'ai confiance en lui.
4. Il met assez de farine dans le bol ?
   Oui, _____.
5. Combien de fleurs allons-nous prendre ?
   (une) _____.
6. Votre père mange-t-il du fromage ?
   Non, _____.

III. Associez un problème et une solution. 连接问题和回答。

1. Je suis trop gros.   a) Tu dois faire un régime (减肥).
2. Tu es fatigué.   b) Ils doivent quitter (离开) Paris.
3. Elle est malade.   c) Tu dois prendre des vacances.
4. Mon train part à 5h08.   d) Elle doit voir un médecin.
5. Ils veulent vivre dans un petit village.   e) Tu dois te dépêcher.

Leçon 5   Le nouveau travail / 新工作

IV. Verbe « savoir » ou « connaître » ? 动词« savoir» 还是 « connaître»?

1. Je _____ où il habite.

2. Ils _____ cette région.

3. Elle ne _____ pas parler anglais.

4. Vous _____ que Franck travaille ici.

5. Nous _____ Madame Mauraux.

6. Tu _____ pourquoi Rémi part à Lyon ?

V. Complétez avec « un », « une », « des », « au », « à la », « à l' » ou « aux ». 用 un, une, des, au, à la, à l' 或 aux 填空。

Dans une boulangerie-pâtisserie (面包-甜品店), on peut acheter (购买) :

1. <u>des</u> choux (n.m.pl.) à la crème (n.f.s). 奶油泡芙

2. _____ tarte (n.f.) _____ framboises (n.f.pl.) 覆盆子馅饼

3. _____ croissants (n.m.pl.) _____ amandes (n.f.pl.) 杏仁羊角面包

4. du pain (m.) _____ céréales (n.f.pl.) 杂粮面包

5. _____ biscuits (n.m.pl.) _____ orange (n.f.s) 橙子味饼干

6. _____ tartelettes (n.f.pl.) _____ citron (n.m.s) 柠檬味（奶油水果）小馅饼

7. _____ gâteau (n.m.) _____ chocolat (n.m.s) 巧克力蛋糕

8. _____ glace (n.f.) _____ vanille (n.f.s) 香草味冰激凌

9. _____ bonbons (n.m.pl.) _____ menthe (n.f.s) 薄荷味糖果

△注意：n.m.s 不可数阳性名词   n.f.s 不可数阴性名词

VI. Complétez par « quel », « quelle », « quels », « quelles ». 用 quel 的四种形式填空。

1. Dans _____ région est-ce qu'elle habite ?

2. _____ examens est-ce que tu prépares (准备) ?

3. Dans _____ restaurant est-ce que vous dînez ?

4. _____ amis est-ce que tu invites ?

5. Pour _____ entreprise est-ce que vous travaillez ?

6. _____ robe est-ce qu'elle préfère ?

VII. Transformez les phrases suivantes en phrases exclamatives. 将下列句子变成感叹句。

1. C'est une belle journée.

2. C'est une chance.

3. Ça, c'est un homme.

4. C'est une bonne nouvelle !

5. Ça me fait plaisir !

6. Ils sont vraiment idiots (笨蛋) !

7. Ce sont des mots (单词) très utilisés en français.

VIII. Répondez librement aux questions en utilisant le pronom adverbial « en ». 用副代词 **en** 自由回答下列问题。

1. Il y a un ordinateur sur votre bureau (办公桌) ?
___

2. Vous avez un stylo ?
___

3. Vous connaissez des Français ?
___

4. Il y a des étudiants dans la classe ?
___

5. Vous prenez du café, le matin ?
___

6. Ils parlent souvent de cinéma ?
___

7. Vous avez un cours de français demain ?
___

IX. Traduisez les phrase suivantes en français avec les adjectifs interrogatifs. 用疑问形容词 **quel** 将下列句子翻译成法文。

1. 你喜欢哪台电脑?
___

2. 她的住址是什么?
___

3. 你老公姓什么呀?
___

4. 您叔叔贵庚呀?
___

Leçon 5　Le nouveau travail / 新工作

5. 你弟弟在哪所学校学习？

_____

X. Mettez les mots dans l'ordre. 将单词排序。

Stylo ? (Elle / dans son sac / un / a / en) → Elle en a un dans son sac.

1. Des musées ? (en / souvent / Nous / visitons)

_____

2. Une place ?〔par téléphone (通过电话) / Vous / achetez / une / en〕

_____

3. Du sport ? (Je / en / pas / n' / fais)

_____

4. De la musique (pas beaucoup / On / en / n' / écoute)

_____

XI. Complétez en utilisant les articles définis, indéfinis ou partitifs. 用定冠词、不定冠词或部分冠词填空。

1. Tu bois _____ thé ?

2. Je n'aime pas _____ légumes.

3. J'adore _____ chocolat.

4. J'ai _____ sœur.

5. _____ stylo de Pierre est rouge.

6. Marie travaille avec _____ enfants.

7. Je fais _____ café.

8. Elle fait _____ sport.

9. Cela prend _____ temps.

10. Nous avons _____ patience (耐心).

11. Ils ont _____ chance.

12. Stéphane joue _____ guitare (吉他).

13. La petite fille prend _____ eau.

14. Pour faire un gâteau _____ yaourt (酸奶), il faut un yaourt, _____ sucre (糖), _____ farine (面粉), _____ œufs (鸡蛋), _____ beurre (黄油) et _____ levure (酵母).

XII. Complétez selon le modèle. 根据例题填空。

1. Les Suisses aiment le chocolat. Ils mangent du chocolat.

2. Les Occidentaux aiment _____ fromage. Ils mangent _____ fromage.

3. Les Québécois aiment _____ poutine (n. f. 干酪肉汁土豆条). Ils mangent _____ poutine.

4. Les Américains aiment _____ bœuf (n.m. 牛肉). Ils mangent _____ bœuf.

5. Les Français aiment _____ vin (n.m. 红酒) rouge. Ils boivent _____ vin rouge.

6. Les Chinois aiment _____ porc (n. m. 猪肉). Ils mangent _____ porc.

7. Les adolescents aiment _____ bière (n.f. 啤酒). Ils boivent _____ bière.

XIII. Complétez le texte suivant. 补充下面的短文。

Je vais _____ un stage (实习) en finance dans une _____ à Paris. C'est une entreprise internationale très connue (著名的). Je vais _____ rester pendant trois mois. C'est ma _____ de pouvoir travailler dans une entreprise si connue. Mes parents _____ sont contents. Mon maître de stage (实习导师) me demande de travailler _____ 9h30 du matin _____ 17h30 comme les autres. Je _____ à Paris demain matin. J'ai hâte d' _____ être.

Lecture–Tu viens avec nous?

Fabien: Aurélie, salut ! Ça va ?

Aurélie: Oui, ça va bien. Et toi ?

Fabien: Ça va très bien ! Nous partons en vacances avec les enfants !

Aurélie: Quelle chance ! Vous partez pour combien de temps ?

Fabien: On part pour deux semaines.

Aurélie: C'est super ! Où est-ce que vous allez ?

Fabien: Nous allons en Espagne.

Aurélie: Comment est-ce que vous partez ? En voiture, en train, en avion ?

Fabien: On part en voiture, c'est plus agréable. On a plus de liberté pour visiter.

Aurélie: Oui, tu as raison. Où allez-vous exactement ?

Leçon 5 Le nouveau travail / 新工作

Fabien: Nous allons à côté d'Alicante, dans un petit village. C'est une région magnifique.

Aurélie: Vous allez habiter dans un hôtel ?

Fabien: Non, nous allons louer une résidence secondaire avec jardin et piscine. Les enfants ont hâte de voir la mer.

Aurélie: Vous avez vraiment de la chance. Quand est-ce que vous partez ?

Fabien: On part samedi matin, tu viens avec nous ?

Aurélie: Je voudrais bien. Mais je travaille...

Vocabulaire 词汇

vacances	n.f.pl.	假期, 休假	village	n.m.	乡村, 村庄
enfant	n.	儿童, 小孩	région	n.f.	地区, 地带, 区
chance	n.f.	运气, 可能性	magnifique	adj.	漂亮的, 极美的
semaine	n.f.	星期, 周	hôtel	n.m.	旅馆, 旅店
super	adj.	很好, 很棒	louer	v.t.	租用, 出租
voiture	n.f.	汽车	résidence	n.f.	寓所, 住宅
train	n.m.	列车, 火车	secondaire	adj.	第二的, 次要的
avion	n.m.	飞机	jardin	n.m.	花园, 园
agréable	adj.	惬意的, 讨人喜欢的	piscine	n.f.	游泳池
plus	adv.	更, 更多	hâte	n.f.	急忙, 匆忙, 赶快, 赶紧
liberté	n.f.	自由	mer	n.f.	大海
exactement	adv.	准确地, 确切地, 精确地	vraiment	adv.	的确, 正地
Alicante		[西]阿利坎特	matin	n.m.	早晨, 上午

Notes 注释

1. Quelle chance！多幸运啊！

    chance 运气。也有可能性的意思。

2. Vous partez pour combien de temps？你们要去多久?

    pour 后可以接时间段, 表示在这个时间段内。

3. On a plus de liberté pour visiter. 我们可以更自由的参观游览。

    ◇ plus de 更多的(plus de 连用时 s 需发音), 后接名词。

    例如, Ces arbres ont plus de 10 ans. 这些树有超过十年的树龄。

4. Les enfants ont hâte de voir la mer. 孩子们迫不及待地想要看到大海了。

    ◇ avoir hâte de faire qch. 急着做某事。

Les élèves ont hâte d'être en vacances d'été. 学生们迫不及待地想放暑假了。

5. Vous avez vraiment de la chance. 您真是太走运了。

de la 是部分冠词，后接一个阴性单数名词。

6. Je voudrais bien. 我很乐意。

voudrais 是条件式，表示委婉语气。

Répondez aux questions suivantes selon le texte. 根据课文内容回答下列问题。

1) Où partent Fabien et sa famille ?

_____

2) Fabien part en vacances avec sa femme.

   A. Vrai   B. Faux

   Justification: _____

3) Comment partent-ils en vacances ?

   A. En train   B. À vélo   C. À pieds

   D. En avion   E. En voiture

4) Ils vont habiter dans un hôtel avec jardin et piscine.

   A. Vrai   B. Faux

   Justification: _____

5) Quand est-ce qu'ils vont rentrer ?

_____

6) Aurélie voudrait bien partir ensemble avec eux.

   A. Vrai   B. Faux

   Justification: _____

Lexique complémentaire – Les passe-temps et les loisirs. 爱好和消遣。

jouer aux cartes	打牌	faire du jardinage	园艺
jouer au mah-jong	打麻将	faire du shopping	逛街
jouer aux jeux de société	玩桌游	faire de la photographie	摄影
jouer aux échecs	下国际象棋	écouter de la musique	听音乐
jouer aux échecs chinois	下中国象棋	aller au théâtre	看演出
jouer au tennis	打网球	dessiner	画画
jouer aux jeux vidéo	玩电游	danser	跳舞

Leçon 5 Le nouveau travail/新工作

faire de la calligraphie	写书法	pêcher	钓鱼
faire de la randonnée	远足	chasser	打猎
faire du camping	露营	chanter	唱歌
faire de la natation	游泳	surfer sur Internet	上网
faire du ski	滑雪		

Leçon 6 Les études
学习

Maman: Marc ! Il est temps de rentrer. Il faut faire tes devoirs.

Marc: Attends un peu… Je suis en train de regarder le match de foot.

Maman: Non, il est déjà dix-sept heures. Dépêche-toi.

Marc: Maman, j'ai faim. J'ai envie de manger quelque chose avant de faire mes devoirs.

Maman: Il y a une pomme sur la table. Tu la vois ?

Mathieu: Oh là là, je suis fatigué. J'ai trop de travail. J'ai besoin de sommeil et de repos.

Alice: Qu'est-ce qu'il t'arrive ? Tu as encore des cours ?

Mathieu: Non, je n'ai plus de cours, mais j'ai des examens en ce moment. Je suis en train de réviser. Et toi ? Tu as aussi des examens?

Alice: Oui, nous avons encore un examen jeudi et après, c'est fini ! Je suis en vacances ! Je pense partir en Bretagne pour une semaine. Il fait beau là-bas en ce moment.

Mathieu: Tu as de la chance. J'ai encore deux semaines de travail. En plus, il pleut souvent à Paris, comme d'habitude. Ça me déprime.

Alice: Mon pauvre Mathieu … Sois courageux et fort ! Attends, j'ai une idée: est-ce que tu es libre demain pour dîner ensemble ?

Mathieu: Non, malheureusement, demain je suis pris. Mais je suis disponible dimanche soir.

Alice: D'accord pour dimanche soir.

Leçon 6　Les études / 学习

Mathieu: Quelle heure est-il s'il te plaît ?

Alice: Il est quinze heures quinze. Qu'est-ce qu'il y a ?

Mathieu: Quinze heures quinze déjà ? Bon, il est temps de réviser. En plus, j'ai encore des devoirs à faire.

Alice: Je te laisse réviser. Tu vas y arriver.

Mathieu: Merci. À dimanche alors.

Alice: Oui. À dimanche.

Notes 注释

1. **Il est temps de rentrer.** 是时候回家了。

   ◇ Il est temps de faire qch. 是做……的时候了。

   Il est temps de partir. 是时候出发了。

2. **Je suis en train de regarder le match de foot.** 我正在看足球赛。

   ◇ être en train de faire qch. 正在做某事。foot是football的简写。

3. **Il est déjà cinq heures. Dépêche-toi.** 已经五点了，你快一点。

   ◇ 表示时间时，通常使用无人称句型il est。

   ◇ se dépêcher是一个代词式动词，意思是"赶紧、赶快"。在这里用作命令式,表示请求、命令的含义，并且要进行谓语和自反代词的倒装，且自反代词改成重读形式。

4. **J'ai envie de manger quelque chose avant de faire mes devoirs.** 我想在做作业前先吃点东西。

   devoir 责任、义务、练习题

   ◇ le sentiment du devoir 责任心

   ◇ devoir à domicile 家庭作业

   ◇ avoir envie de faire qch./qch. 想要做某事/某物

   例如，J'ai envie de dormir. 我想睡觉。 J'ai envie d'un petit café. 我想要一小杯咖啡。

   ◇ avant de faire qch. 在做……之前

5. **J'ai besoin de sommeil et de repos.** 我需要睡眠和休息。

   ◇ avoir besoin de qch. 需要需求、缺乏某物

   ◇ avoir besoin de + inf. 需要做某事

   J'ai besoin de toi. 我需要你。

   J'ai besoin de dormir. 我需要睡觉。

6. **Qu'est-ce qu'il t'arrive ?** 你怎么啦？口语常用语句。

   第一个que是疑问词,用于引出特殊疑问句。est-ce que句式后接一个陈述语序的句子。Il在这里是无人称句型。

   原句为qu'est-ce qu'il arrive à toi? 间接宾语人称à toi前置后变为qu'est-ce qu'il t'arrive ?

7. Non, je n'ai plus de cours. 不，我没课了。

ne...plus 表示"不再"。

Je ne joue plus au basket. 我不再打篮球了。

Mon père ne fume plus. 我父亲不再吸烟了。

Il n'est plus journaliste. 他不再是记者了。

8. en ce moment 此刻。

9. Je pense partir en Bretagne pour une semaine. 我打算去布列塔尼呆一个星期。

◇ penser faire qch. 想要、打算做某事。动词 penser 可以作为直接及物、间接及物以及不及物动词，意思是"思考、认为、想到"。

例如, Je pense que tu as raison. 我想你是对的(直接及物动词)。

Il faut d'abord penser à l'avenir. 首先要考虑未来(间接及物动词)。

la faculté de penser 思考的能力(不及物动词)。

◇ partir 为不及物动词，后接介词需视地点名词情况而定。

例如, partir pour Pékin 去北京。partir en Chine 去中国。

Bretagne 布列塔尼，法国西北部的省，特色小吃有可丽饼。

10. Tu as de la chance. 你真走运。

◇ avoir de la chance/veine 意思是"走运"。de la 是部分冠词。

11. En plus, 固定短语，表示"另外""还有"，s 需发音。

12. Mon pauvre Mathieu. 我可怜的马修。

◇ pauvre 置于名词前表示"可怜的"，置于名词后表示"贫穷的"。

如: une famille pauvre 贫困家庭。

13. Sois courageux et fort ! 勇敢坚强些！

sois 是 être 的命令式现在时，表示命令语气，即 (tu) sois。其他形式为 (nous) soyons, (vous) soyez。

14. Quelle heure est-il s'il te plaît ? 请问几点钟了?

◇ quel, le 特殊疑问词，意思是"什么样的、哪一类的"，可用于句首引出特殊疑问句。

例如, Quelle discipline aimes-tu ? 你喜欢哪一门课?

15. Qu'est-ce qu'il y a ? 怎么了?

第一个 que 在这里作为特殊疑问词，意思是"什么"。

16. Je te laisse réviser. 你复习吧。 laisser/faire faire 是使动用法，表示"让/使某人或者某物做某事"。

例如, On laisse tomber ce projet. 我们放弃这项计划。

Les médecins laissent leurs patients faire du sport. 医生让他们的病人们做运动。

Leçon 6 Les études/学习

Vocabulaire 词汇

rentrer	v.i.	回家, 回来, 进入	semaine	n.f.	星期, 周
falloir	v.impers.	必须, 应该	pleuvoir	v.i.	下雨
attendre	v.t.	等待, 期望	comme	conj.	好像, 如同, 由于
train	n.m.	火车, 步伐	habitude	n.f.	习惯, 习俗, 惯例
regarder	v.t.	看, 瞧, 注视	pauvre	adj.	穷的, 可怜的
match	n.m.	赛, 比赛	courageux,se	adj.	勇敢的, 有干劲的
foot	n.m.	足球	fort	adj.	坚强的, 强烈的
se dépêcher	v.pr.	赶紧, 赶快	idée	n.f.	主意, 意见
faim	n.f.	饿	pour	prép.	因为, 为了, 对……来说
envie	n.f.	渴望, 羡慕	dîner	v.i.	吃完饭
manger	v.t.	吃		n.m.	晚餐
devoir	n.m.	作业, 习题, 责任, 义务	malheureusement	adv.	不幸地, 不巧, 可惜
table	n.f.	桌子	pris	adj.	被占用的, 忙碌的
fatigué	adj.	疲劳的	disponible	adj.	有空的, 可自由处理的
trop	adv.	太, 过于, 非常	dimanche	n.m.	星期天
besoin	n.m.	需要, 需求	soir	n.m.	傍晚, 晚上
sommeil	n.m.	睡眠; 睡意, 困倦	heure	n.f.	小时, 时间, 一小时
repos	n.m.	休息	plaire	v.t. indir.	使高兴, 使喜欢
arriver	v.i.	到达, 达到, 发生	quinze	n.m.	十五
examen	n.m.	考试, 研究, 审查	quart	n.m.	四分之一
moment	n.m.	时候, 时刻, 时机	déjà	adv.	已经
réviser	v.t.	复核, 复习, 修正, 检修	laisser	v.t.	留, 离开, 交付, 让, 任
beau	adj.	美的, 晴朗的	alors	adv.	那么, 因此
chance	n.f.	运气, 机遇	déprimer	v.t.	使消沉, 使沮丧

091

Notes de cours

Leçon 6　Les études/学习

Grammaire 语法

La forme impersonnelle 无人称形式

1. 无人称形式

无人称形式，指的是主语不是人称主语，既不针对人也不针对物，而是语法上的形式主语，逻辑上的主语为后面的名词、不定式动词或名词性从句。一般情况下，中性代词il为形式主语，动词只用第三人称单数形式。

2. 无人称动词 Les verbes impersonnels

法语中无人称动词可以分为两类。

a) 绝对的无人称动词包括falloir和表示自然现象的动词。如：

——Il faut y aller. 要走了。

——Il faut fermer la fenêtre. 要把窗户关上。

——Il neige. 下雪了。

——Il pleut. 下雨了。

b) 相对的无人称动词。比如：il y a, il fait, il arrive, il est等。

——Il est deux heures et demie. 两点半了。

——Il y a deux pommes sur la table. 桌上有两个苹果。

——Il fait froid. 天冷。

3. 时间表示法 L'expression de l'heure

表示钟点要使用无人称句型"il est..."。

整点	Il est deux heures.
	Il est dix-huit heures.
	Il est minuit.
X点X分	Il est deux heures dix.
	Il est midi vingt-cinq.
	Il est minuit dix.
X点一刻	Il est deux heures et quart.
	Il est midi et quart.
	Il est minuit et quart.
X点半	Il est deux heures et demie.
	Il est midi et demi.
	Il est minuit et demi.

X点差X分	Il est deux heures moins dix.
	Il est midi moins dix.
	Il est minuit moins cinq.
X点差一刻	Il est deux heures moins le quart.
	Il est midi moins le quart.
	Il est minuit moins le quart.

当"demi"位于名词前，无性数变化：une demi-heure 半小时

当"demi"位于名词后，性数和前面名词的阴阳性配合：

—cinq heures et demie 五点半

—midi et demi 中午十二点半

N.B.:法语中年月日的正式表达用nous做主语。

—Quelle date sommes-nous ?

—Nous sommes le 15 mai 2019. / Nous sommes le mardi 15 mai 2019.

—Quel jour sommes-nous ?

—Nous sommes mardi.

Le présent progressif 现在进行时

现在进行时表示正在发生并持续的动作。构成：être en train de + 动词不定式(infinitif)

现在进行时 = être en train de + inf.

直陈式现在时也可以用来描述正在发生的事情或动作。跟直陈式现在时相比，现在进行时强调动作的正在进行和持续性，表达更精确。不强调正在进行和持续性的时候，也可以使用直陈式现在时。

Qu'est-ce que tu fais ?

—Je suis en train de réviser mes cours. (现在进行时表强调)

—Je révise mes cours. (直陈式现在时简单陈述动作)

Le pronom adverbial « y » 副代词"y"

1. 副代词 y 主要用来代替一个以介词 à 引导的间接宾语，只能指物。

1) Penses-tu à faire les devoirs ?

—Oui, j'y pense.

—Non, je n'y pense pas.

2) T'intéresses-tu à la musique ? Oui, je m'y intéresse.

2. 副代词 y 主要用来代替一个以介词 dans, à, en, sous, sur, devant 等引导的地点状语。

1) Tu vas à l'école ?

Leçon 6　Les études/学习

—Oui, j'y vais.

—Non, je n'y vais pas.

2) Tu veux rester à Paris ?

—Oui, je veux y rester.

—Non, je ne veux pas y rester.

3) Tu veux aller à Paris ?

—Oui, je veux y aller.

—Non, je ne veux pas y aller.

4) Nous sommes dans la classe. Nous y sommes.

5) Le chat se cache sous la table. Il s'y cache.

6) Je vais chez l'épicier. J'y vais.

7) Mets la couverture sur le lit. Mets l'y.

△注意：y不能指人，没有词性的变化，一般放在有关动词的前面。指人的时候，需用 me, te, lui, leur 等代替。例如：

—Parles-tu à ta voisine ? Oui, je lui parle.

—Nicolas écrit à ses grands-parents. Il leur écrit.

L'impératif 命令式

命令式表示命令、请求、愿望、禁止等，只有第一人称复数、第二人称单数和复数三种形式。

去掉直陈式现在时的主语就构成命令式：

直陈式	肯定式	否定式
tu fumes	fume	ne fume pas
nous fumons	fumons	ne fumons pas
vous fumez	fumez	ne fumez pas

△注意：

—第一组动词的第二人称单数词尾没有s。

—当命令式后面跟有代词en和y时，要加上s，以便于发音。如：Vas-y ! Donnes-en ! Gardes-en !

—下面三个动词的命令式不规则：

être	sois	soyons	soyez
avoir	aie	ayons	ayez
savoir	sache	sachons	sachez

Conjugaison 动词变位

attendre	
j'attends	nous attendons
tu attends	vous attendez
il attend	ils attendent
elle attend	elles attendent

plaire	
je plais	nous plaisons
tu plais	vous plaisez
il plaît	ils plaisent
elle plaît	elles plaisent

Compréhension orale 听力练习

I. Complétez le tableau selon les enregistrements que vous allez entendre deux fois. 听两遍录音，完成下列表格。

Clotaire	☐ a 23 ans ☐ a 24 ans ☐ a 25 ans	☐ est avocat ☐ est journaliste ☐ est étudiant
Anaïs	☐ est Espagnole ☐ est Française	☐ est étudiante ☐ est professeur

II. Vous allez entendre huit enregistrements. Chaque enregistrement sera répété deux fois. Vous aurez 30 secondes entre chaque enregistrement pour répondre aux questions correspondantes. 您会听到八段录音。每段录音会重复两次。每段录音之间会停顿30秒让您来回答相应的问题。

1. Quelle heure est-il ?

A. 12:15 B. 00:15 C. 00:05

2. Le rendez-vous est à _____ ?

A. 12:30 B. 11:30 C. 10:30

Leçon 6　Les études / 学习

3. Quelle est la date d'anniversaire d'Adrien ?

　　A. Le 13 février　　　　B. Le 14 février　　　C. Le 15 février

4. Le train n°_____ à destination de Bordeaux affiche (公布) un retard de 3 heures.

　　A. 2866　　　　B. 2876　　　　C. 2886　　　　D. 2896

5. Vont-ils déjeuner ensemble jeudi ?

　　A. Oui　　　　B. Non

6. On peut contacter (联系) la personne au _____.

　　A. 06 35 62 78 97　　　　　　　　B. 06 35 62 78 87

　　C. 06 35 62 68 97　　　　　　　　D. 06 35 62 68 87

7. Quelle est sa date de naissance (出生日期) ?

　　_____ / _____ / _____

8. Combien d'enfants ont-ils ?

　　A. 1　　　　B. 2　　　　C. 3　　　　D. 4

Exercices 习题

I. Posez des questions portant sur la partie soulignée de la phrase affirmative. 就以下肯定句的画线部分提问。

　　1) Il fait <u>beau</u>.

　　2) Il est <u>neuf heures moins le quart</u>.

　　3) Nous sommes <u>le 1ᵉʳ mai</u>.

　　4) Aujourd'hui, c'est <u>samedi</u>.

　　5) Il <u>neige</u> à la montagne (山上下雪了).

　　6) Nous sommes <u>en 2019</u>.

　　7) Nous sommes <u>en été</u> (夏天).

　　8) Nous sommes <u>au mois de janvier</u>.

II. Voir ou regarder？Voir 还是 regarder？

　　1) Il faut très beau, on _____ la montagne de loin.

　　2) Il est tard, il faut arrêter de _____ la télé.

　　3) Je vais _____ un ami demain.

　　4) _____ ! C'est Mélanie. Elle a l'air fatiguée.

III. Cochez votre meilleur choix. 选出你的最佳答案。

　　1. Marc est _____ train de manger.

A. y	B. en	C. à	D. de

2. Stéphane part demain _____ Pékin.

A. y	B. en	C. à	D. de

3. J'aimerais aller un jour _____ Angleterre.

A. y	B. en	C. à	D. de

4. Il pleut souvent _____ printemps.

A. au	B. en	C. à	D. de

5. Il fait chaud _____ été.

A. au	B. en	C. y	D. de

6. Tu rentres à la maison ? Oui, je _____ rentre.

A. au	B. en	C. y	D. de

7. Nous partons _____ vacances _____ voiture.

A. au	B. en	C. à	D. de

8. Stéphane laisse son verre _____ le bureau.

A. sur	B. en	C. à	D. dans

IV. Répondez aux questions avec « y ». 用代词« y »回答问题。

1. Tu penses toujours à ton pays natal (家乡) ?

   Non, _____

2. Est-ce que vous vous intéressez à ce diagramme ?

   Oui, _____

3. Les enfants arrivent-ils à faire les devoirs ?

   Oui, _____

4. Faites attention aux voitures ! C'est dangereux !

   Oui, _____

5. On peut aller au musée demain ?

   Non, _____

   Les travaux ne sont pas encore finis.

V. Complétez les phrases en forme impersonnelle avec des verbes propres. 在无人称句中填写恰当的动词。

falloir / aller / avoir / pleuvoir / neiger / faire / valoir / être

1. Il me _____ une heure pour aller au bureau.

2. _____ -t-il y arriver avant 8h30 ?

Leçon 6 Les études / 学习

3. Il n' _____ pas de fantôme dans le monde.

4. C'est le printemps ! Aujourd'hui, il _____ beau et il ne _____ plus.

5. Il y _____ des vêtements dans l'armoire.

6. Pourquoi il fait froid et il _____ beaucoup en janvier ?

7. Il _____ déjà seize heures quarante-six.

8. Il _____ mieux tout préparer deux jours à l'avance.

VI. L'expression de l'heure. 时间表达法。

Ecrivez les heures suivantes. 看下列时钟，用法语写出时间。

1. Il est _____

   17:30

2. Il est _____

   06:10

3. Il est _____

   09:15

4. Il est _____

   09:45

5. Il est _____

   18:25

6. Il est _____

   12:30

7. Il est _____

VII. Le présent progressif. 现在进行时。

1. Qu'est-ce que tu fais là ?

   Je _____

2. Que fait-elle pour réussir le TEF ?

   À ton avis ? Regarde ! Elle _____

3. Que fait ton frère dans le jardin, Marisa ? Est-il en train de faire ses devoirs ?

   Non, il _____

4. Tu vois cette image. Les enfants _____

VIII. Transformez les phrases suivantes en impératif. 根据例子将下列句子改写为命令式。

Tu appelles tes amis. → Appelle tes amis !

1. Tu m'écoutes.

2. Nous offrons des cadeaux aux enfants.

3. Vous ne rentrez pas à la maison avant 7 heures.

Leçon 6 Les études/学习

4. Tu ne manges pas trop de fruits.

5. Nous passons chez les Dupont tout de suite.

6. Vous marchez plus vite.

7. Tu n'as pas peur de lui.

8. Nous sommes courageux.

IX. Associez. 连线。

Je vais

1. au
2. chez le
3. à la
4. chez la

a. marché (n.m. 集市)
b. marchand (n.m. 生意人) de légumes
c. boulangerie (n.f. 面包店)
d. charcuterie (n.f. 猪肉食品店)
e. boucherie (n.f. 肉铺)
f. pharmacie (n.f. 药店)
g. coiffeur (n.m. 理发师)
h. médecin (n.m.)
i. dentiste (n.m.)
j. pharmacienne (n.f. 药剂师)
k. cinéma (n.m.)

Les prépositions « à » ou « chez » ? As-tu trouvé leur différence ? 介词 à 还是 chez？你发现它们的区别了吗？

X. Transformez à l'impératif comme dans les exemples. 根据例子，转化为命令式。

Exemples : J'écris ou je téléphone ? → N'écris pas, téléphone !

Nous partons ou nous restons ? → Ne partez pas, restez !

1. Je viens ou je reste ?

2. Nous acceptons ou nous refusons ?

3. Nous restons à la maison ou nous allons au restaurant ?

4. Je vais à la mer ou je fais du jogging ?

5. Je travaille ou je joue ?

6. Nous buvons ou nous mangeons ?

7. Je regarde la Formule 1 (F1, 世界一级方程式锦标赛) ou je regarde le match de foot ?

XI. Complétez avec « il a » ou « il y a ». 用 il a 或 il y a 填空。

Damien est dans sa chambre ? – Oui, <u>il a</u> beaucoup de travail.

1. Tu as faim ? Regarde, _____ une pizza sur la table !

2. Ce soir, à la télé (电视), _____ un film très intéressant.

3. Ton cousin n'est pas là ? Non, _____ un rendez-vous important.

4. Excusez-moi d'être en retard. _____ un accident de voiture sur la route.

5. Félix est heureux : _____ trois petits-enfants !

XII. Complétez avec « Il fait » ou « Il ». 用 Il fait 或 Il 填空。

1. _____ quelle température ?

2. _____ 32°C.

3. _____ pleut.

4. _____ neige.

5. _____ y a du vent.

6. _____ froid.

7. _____ chaud.

8. _____ quel temps ?

9. _____ bon.

10. _____ beau.

XIII. Transformez avec le verbe aller. 用动词 aller 变形。

1. J'adore les magasins. → J'y vais souvent.

2. Ils adorent le cinéma.

3. Nous aimons l'opéra.

4. Vous adorez les musées.

5. Il aime bien le théâtre.

6. Ils aiment beaucoup les concerts de jazz.

XIV. Répondez aux questions en utilisant le pronom adverbial « y ». 用副代词 y 回答下列问题。

1. Tu joues au volley (排球) ?
   _____

2. Vous allez souvent au restaurant ?
   _____

3. Ils habitent à Bruxelles (布鲁塞尔) ?
   _____

4. Elle reste à Genève (日内瓦), finalement ?
   _____

5. Vous allez passer à la banque demain matin ?

Leçon 6　Les études/学习

6. Est-ce que sa cousine joue au tennis ?

Conversation 1 – Quelle heure est-il ?

Madame: Excusez-moi, Monsieur. Avez-vous l'heure s'il vous plaît ?

Monsieur: Oui, Madame. Il est dix heures moins cinq.

Madame: Oh là là ! Il est déjà dix heures moins cinq ?

Monsieur: Oui, Madame.

Madame: Mince ! Je suis en retard. J'ai un rendez-vous chez le dentiste à dix heures.

Monsieur: Je suis désolé, vous devez vous dépêcher.

Madame: Oui, vous avez raison. Merci, monsieur.

Monsieur: Je vous en prie.

Madame: Bonne journée.

Monsieur: Merci, vous aussi.

Conversation 2 – Comment cela se passe-t-il ?

Juliette: Bonjour Maman.

Maman: Bonjour Juliette. Comment vas-tu ?

Juliette: Je vais bien merci. Et toi ?

Maman: Très bien. Votre voyage en Espagne se passe-t-il bien ?

Juliette: Oui, il fait très beau ici. Il n'y a pas eu de pluie depuis notre arrivée.

Maman: Chez nous, c'est nuageux. Comment vont les enfants ?

Juliette: Ils sont très heureux d'être ici. Ils ont chaud, donc ils profitent de la piscine du camping et de la mer pour se baigner.

Maman: Je suis heureuse pour vous.

Juliette: Tout se passe bien en France ?

Maman: Oui, nous allons bien. Ton père est dans le jardin, il arrose les fleurs. Ta sœur est venue hier nous rendre visite. Sa grossesse se passe bien et elle travaille toujours dans le même restaurant.

Juliette: C'est une bonne nouvelle. As-tu reçu notre carte postale ?

Maman: Oui, je l'ai reçue hier. Elle est très jolie.

Juliette: Qu'allez-vous faire demain ?

Maman: Nous allons nous promener au bord de la mer et rendre visite à nos amis. Ensuite, nous dînerons au restaurant le soir avant de rentrer à la maison.

Juliette: C'est une bonne idée. Passe une bonne journée.

Maman: Bonnes vacances. À bientôt.

Juliette: Au revoir Maman.

Vocabulaire 词汇

s'il vous plaît		请(礼貌用语)	mer	n.f.	大海, 海边
mince	interj.	哎呀, 哇(口语)	baigner	v.t.	浸, 泡, 给……洗澡
retard	n.m.	迟到	se baigner	v.pr.	洗澡, 沐浴, 游泳
rendez-vous	n.m.	约会	jardin	n.m.	花园
dentiste	n.	牙科医生	arroser	v.t.	浇, 洒
désoler	v.t.	使感到抱歉	fleur	n.f.	花, 花朵
être désolé		感到遗憾、抱歉	hier	n.m./adv.	昨天
prier	v.i./v.t.	祈祷; 恳求, 请求	rendre	v.t.	归还, 交回
je vous en prie		不用谢(礼貌用语)	grossesse	n.f.	怀孕, 妊娠
journée	n.f.	白天, 白昼; 日子, 天	toujours	adv.	总是
voyage	n.m.	旅行, 旅程	restaurant	n.m.	餐馆
Espagne	n.f.	西班牙[欧洲]	recevoir	v.t.	接到, 收到
passer	v.i./v.t.	通过, 经过; 度过	carte	n.f.	卡, 卡片; 证件
pluie	n.f.	下雨, 雨	postal,e	adj.	邮政的
arrivée	n.f.	到达	se promener	v.pr.	散步, 闲逛, 溜达
donc	conj.	因此, 所以	bord	n.m.	边; 船舷; 岸, 边缘
profiter	v.t.indir.	利用, 得益; 有益于, 有利于	soir	n.m.	傍晚, 晚上
piscine	n.f.	游泳池	rentrer	v.i.	回来, 回家
camping	n.m.	野营, 露营			

Leçon 6 Les études/学习

Notes 注释

1. Mince ! 哎呀！

语气词，表示惊叹、不满或喜爱等情绪。

2. J'ai un rendez-vous chez le dentiste à dix heures. 我下午十点约了牙医。

chez本意是指在某某人家，也可以指在某人的工作场所。如，chez le coiffeur 在理发店。

3. Votre voyage en Espagne se passe-t-il bien ? 你的西班牙之旅怎么样了？

◇ se passer 发生、经过。如, Qu'est-ce qu'il se passe ? 怎么了？

4. Il n'y a pas eu de pluie depuis notre arrivée. 自我们到达以来滴雨未下。

◇ avoir eu是复合过去时态。表示一个已经完成的动作。第一个avoir为助动词起语法作用，没有实质意义；eu为avoir的过去分词，构成"avoir de la pluie"。

Il a eu un accident de voiture la semaine dernière. 他上星期发生了一起车祸。

5. Ta sœur est venue hier nous rendre visite. 你的姐妹昨天来拜访我们了。

◇ rendre visite à qn. 拜访某人。

6. Oui, je l'ai reçue hier. 是的，我昨天已经收到了。

l'是直接宾语人称代词la的省音形式，代指上文的notre carte postale。位于助动词前，过去分词需要和该直接宾语进行性数配合。

7. Passez une bonne journée. 祝您度过美好的一天。

这是一个命令式句型。表示祝愿和希望。

Vrai ou faux ? 判断正误。

a) La dame du texte 1 laisse tomber son rendez-vous avec le dentiste.

  A. Vrai   B. Faux

  Justification: _____

b) La sœur de Juliette est enceinte.

  A. Vrai   B. Faux

  Justification: _____

c) Il pleut beaucoup en ce moment en Espagne.

  A. Vrai   B. Faux

  Justification: _____

d) Les parents de Juliette habitent-ils en France.

  A. Vrai   B. Faux

  Justification: _____

Répondez aux questions suivantes d'après le texte. 根据课文内容回答下列问题。

1) Pourquoi la dame de la conversation 1 doit se dépêcher ?

_____

2) Pourquoi Juliette part en Espagne avec ses enfants ?

_____

3) Juliette passe-t-elle de bon moment en Espagne ?

_____

4) Que font les enfants de Juliette pendent leurs vacances ?

_____

Faites les phrases d'après l'exemple. 仿照例子造句。

Exemple: Il + demander à qn. de + inf. → Il demande à son frère de fermer la fenêtre.

1) Elle + recevoir qch. de qn.

_____

2) Je + avoir besoin de qch.

_____

3) Ils + avoir besoin de + inf.

_____

4) Vous + rendre qch. à qn.

_____

5) Le sport + profiter à + qn. /qch.

_____

6) Nous + profiter de + inf.

_____

Lexique complémentaire – La météo 天气预报

beau, bel, belle	adj.	晴朗的, 美好的	température	n.f.	温度
sombre	adj.	阴暗的, 阴沉的	nuage	n.m.	云
gris, e	adj.	灰色的	briller	v.t.	发光, 闪耀
chaud, e	adj.	热的	soleil	n.m.	太阳, 阳光, 晴天
froid, e	adj. /n.m.	冷, 寒冷	neiger	v.i.	下雪
doux, ce	adj.	温和的	pleuvoir	v.i.	下雨

Leçon 6　Les études/学习

sec,che	adj.	干的	tempête	n.f.	暴风雨
humide	adj.	潮湿的	vent	n.m.	风
bon,ne	adj.	好的	chaleur	n.f.	高温,炎热
mauvais,e	adj.	不好的	verglas	n.m.	(地面上的)薄冰,雾凇
frais, fraîche	adj.	凉爽的	geler	v.t.	使结冰,使感到寒冷
ensoleillé,e	adj.	阳光灿烂的	degré	n.m.	等级,度
nuageux,se	adj.	多云的			

Quel temps fait-il aujourd'hui ?

- Il fait beau.
- Il fait chaud.
- Il fait gris.
- Il fait un temps gris.
- Il fait doux.
- Il fait mauvais.
- Le ciel est gris.
- Le ciel est bleu.
- Le temps est nuageux.
- Il neige.
- Il pleut.
- Il fait du vent.
- Il y a des nuages.
- Il y a du soleil.
- Il fait du verglas.
- ...

107

Leçon 7 — Ma famille
我的一家子

Je m'appelle Marie. Nous sommes quatre dans ma famille. Mon mari et moi avons deux enfants, une fille de quinze ans et un garçon de treize ans. Nous avons également des animaux : un chat, un chien, deux lapins et des poissons rouges. Nous vivons dans une jolie maison avec un grand jardin. Notre quartier est calme et paisible. Je m'occupe de mes deux enfants quand ils rentrent de l'école. Mon mari est professeur d'économie-gestion au lycée professionnel qui se trouve à 20 kilomètres de la maison.

Le dimanche, nous aimons nous promener en famille dans la forêt proche de notre maison. Nous jouons dans le jardin quand il fait beau ou dans la maison quand il pleut.

Leçon 7 Ma famille / 我的一家子

Mes enfants aiment passer du temps avec leurs grands-parents pendant les vacances. Le matin, ils prennent leur petit-déjeuner ensemble dans la salle à manger. Les enfants prennent souvent du café au lait, des croissants ou des pains au chocolat. Les grands-parents préfèrent boire du thé. Ma fille prépare parfois des gâteaux avec sa grand-mère le samedi après-midi. Le soir, on prend des salades, des légumes, de la viande, du fromage, des fruits ou un dessert. On boit aussi du vin rouge et les enfants boivent de l'eau, mais jamais de coca. En général, on mange équilibré et on évite de manger trop gras. Nous passons beaucoup de temps à table. C'est un grand plaisir de partager de beaux moments en famille.

Notes 注释

1. **s'occuper de mes deux enfants** 照顾我的两个孩子。

    s'occuper de 表示"照顾、负责"，后面接上名词或者动词原形。

    例如，s'occuper du ménage 负责家务；s'occuper de faire des courses 负责购物。

2. **quand ils rentrent de l'école,** 当他们从学校回来时。

    ◇ quand 引导出时间状语从句，表示"在……的时候"。

    例如，quand il fait beau. 在天气好的时候。

    ◇ rentrer de 从……回来。de 在这里表示"从"。

    例如，sortir de chez soi 从他家出来。

3. **au lycée professionnel qui se trouve à 20 kilomètres de la maison.** 在一所离家20公里的职业中学。

    这是一个由关系代词 qui 引导的关系从句，从句的内容用来修饰 qui 前面的名词 lycée，qui 在从句中做主语，代指 lycée。

    关系代词 qui 一般用于引导关系从句，在从句中充当主语、间接宾语、状语、名词和形容词的补语等。

    例如，Voici le livre qui se vend à 10 000 exemplaires. 这是那本销售了一万册的书。(qui= le livre，做主语)

    L'écrivain à qui je téléphone s'appelle Marc. 我给他打电话的那名作家叫做 Marc。(à qui= à l'écrivain，作间接宾语)

    Mélanie nous présente les amis avec qui elle est allée en vacances. Mélanie 向我们介绍那些和她一起去旅游过的朋友们。(avec qui=avec les amis,作状语)

    C'est une amie en qui j'ai plein de confiance. 这是我完全信任的一个朋友。(en qui= en cette amie,作状语)

4. **Le dimanche.** 每周日。法语中星期前加上定冠词 le 表示每周的这一天。

    法语中的周一到周日是：lundi, mardi, mercredi, jeudi, vendredi, samedi, dimanche, 均为

阳性名词。

5. Mes enfants aiment passer du temps avec leurs grands-parents pendant les vacances. 孩子们的祖父母喜欢同孩子们一起度过假期。

◇ grands-parents,祖父母;grand-mère 祖母;grand-père,祖父。

6. mais jamais de coca. 但从不喝可乐。

完整的句子为 Mais on ne boit jamais de Coca-Cola. ne…jamais 后面接带部分冠词或者不定冠词的直接宾语时,要接上介词 de,并省略冠词。

7. En général, on mange équilibré et on évite de manger trop gras. 通常,我们的饮食很平衡而且避免吃得太油腻。

manger équilibré 饮食平衡,固定搭配。équlibré 是形容词,意思是"平衡的、均衡的"。

8. C'est un grand plaisir de partager de beaux moments en famille. 分享家庭里美好的时刻是最大的乐趣。

◇ de beaux moments 美好的时刻。

不定冠词 des 后面紧跟形容词时,des 一般要改成 de。例如:

Nous avons des gâteaux.

Nous avons de bons gâteaux.

Vocabulaire 词汇

voici	prép.	这是,这就是	croissant	n.m.	羊角面包
animal,aux	n.m.	动物	pain	n.m.	面包
lapin	n.m.	兔子	chocolat	n.m.	巧克力
poisson	n.m.	鱼	préparer	v.t.	准备,筹备
vivre	v.i.	活着,生活	parfois	adv.	有时,偶尔
calme	adj.	安静的,平静的	gâteau	n.m.	蛋糕
paisible	adj.	温和的,安详的	après-midi	n.m.	下午
s'occuper	v.pr.	照管,负责	salade	n.f.	沙拉
quand	conj.	当……时	légume	n.m.	蔬菜
économie	n.f.	经济	viande	n.f.	肉
gestion	n.f.	管理	fromage	n.m.	奶酪
professionnel, le	adj.	职业的,专业的	fruit	n.m.	水果
trouver	v.t.	找到,碰到	dessert	n.m.	甜点
se trouver	v.pr.	存在,处于	vin	n.m.	酒

Leçon 7　Ma famille / 我的一家子

kilomètre	n.m.	公里	rouge	adj.	红的
se promener	v.pr.	散步, 闲逛	eau	n.f.	水
forêt	n.f.	森林, 树林	jamais	adv.	从不, 决不
proche	adj.	邻近的, 即将来临的	coca	n.m.	可乐
jouer	v.i.	游戏, 玩耍	en général	loc.adv.	总的来说
grand-parent	n.m.	祖父母	équilibré, e	adj.	均衡的, 平衡的
vacances	n.f.pl.	假期	éviter	v.t.	避开, 避免
petit-déjeuner	n.m.	早餐	gras, se	adj.	肥的, 油腻的
salle à manger	n.f.	饭厅	passer	v.i.	经过, 通过
lait	n.m.	奶	partager	v.t.	分, 分享, 瓜分

Notes de cours

Leçon 7　Ma famille / 我的一家子

Grammaire 语法

Les verbes pronominaux 代词式动词

代词式动词是指由自反人称代词(les pronoms réfléchis, 以下简称自反代词)se 加某些动词构成的一类特殊动词, 自反代词的人称和性数要与主语一致。

自反代词分人称和单复数, 一共有六种形式:

人称	单数	复数
第一人称	me	nous
第二人称	te	vous
第三人称	se	se

自反代词 me, te, se 后面接元音或者哑音 h 开头的单词时, 需变为 m', t', s'。自反代词只有和动词一起使用, 构成代词式动词时, 才有意义。

代词式动词分两种类型。第一类是只能和自反代词一起使用的动词(verbe essentiellement pronominal), 如: se moquer (嘲笑), se dédire (反悔), se disputer (争吵), se fier (信任), se raviser (回心转意), se suicider (自杀), s'exclamer (欢呼), s'avérer (被证实、显得), s'efforcer (尽力), se méfier (怀疑、不信任), se toquer (痴迷、迷恋)等。第二类是可以单独使用的动词, 在一些情况下也可以和自反代词一起构成代词式动词(verbe occasionnellement pronominal)。

例如: Il occupe la place du coin. 他占据了角落的位置。

　　　Il s'occupe de ses enfants. 他照看孩子。

　　　Je confie ma fille à ma belle-mère. 我把女儿托付给我婆婆了。

　　　Je me confie à mon mari. 我跟老公说知心话。

　　　Je parle à ma tata. 我在跟我姑姑说话。

　　　Je me parle tout seul. 我一个人自言自语。

　　　Ils se parlent. 他们相互交谈。

代动词可以表示自反意义、相互意义、被动意义和绝对意义:

entendre 听见、听到	自反意义	相互意义	被动意义	绝对意义
J'entends du bruit. 我听到一些嘈杂声。	Je m'entends parler à cause de l'écho. 因为回音, 我能听到自己说话。	Nous nous entendons mal au téléphone à cause de la tempête. 因为暴风雨, 我们彼此听得不是很清楚。	Cette chanson est populaire, elle s'entend souvent. 这首歌很流行, 经常能听够(被听到)。	Je m'entends bien avec mon petit frère. 我跟我弟弟挺聊得来的。

Les verbes transitifs et intransitifs 及物动词和不及物动词

1. 及物动词(Le verbe transitif, 简称v.t.)

可以带宾语的动词叫及物动词。及物动词又分为直接及物动词和间接及物动词。

1) 直接及物动词与宾语之间不加介词。直接及物动词的宾语叫直接宾语，不需要介词作引导。

——Florian regarde son portable.

——Quentin mange une pizza.

2) 间接及物动词和其宾语之间要用介词，用 de 或 à。间接及物动词的宾语叫间接宾语，一般需要介词作引导。

——Il évite de manger gras.

——Je continue à me promener.

——Je profite de mon temps libre pour apprendre le français.

2. 不及物动词(Le verbe intransitif, 简称v.i.)

不能带宾语的动词叫不及物动词。这类动词没有直接宾语，也没有间接宾语，但可能有状语。

——Il pleure.

——Il neige.

——Il dort.

——Il travaille dans un hôpital.

Le pronom personnel complément d'objet direct (COD) 直接宾语人称代词

1. 形式

单数	复数
me (m')	nous
te (t')	vous
le (l')	les
la (l')	les

2. 直接宾语人称代词代替及物动词的直接宾语：

a) 直接宾语人称代词代替及物动词的直接宾语，在直陈式句子中，一般放在有关动词的前面。

——Il regarde le match de foot. → Il le regarde.

——Elle n'aime pas les légumes. → Elle ne les aime pas.

——Tu peux appeler papi et mami. → Oui, je peux les appeler.

Leçon 7　Ma famille / 我的一家子

—Vincent, dépêche-toi, je t'attends.

b) 在肯定命令句中，直接宾语人称代词放在动词后面，并以连字符"-"连接。me, te 要变成 moi, toi，其他不变。如：

—Excuse-nous. / Excuse-moi.

—Regarde-toi dans le miroir.

c) 在否定命令句中，直接宾语人称代词放在有关动词的前面。

—Ne me regarde pas.

—Ne le mange pas.

—Ne nous parlez pas.

Le pronom personnel complément d'objet indirect (COI) 间接宾语人称代词

1. 形式

单数	复数
me (m')	nous
te (t')	vous
lui	leur
lui	leur

2. 间接宾语人称代词代替以介词 à 引导的间接宾语，只能指人。

a) 在直陈式的句子中，一般放在有关动词的前面。

—Loïc présente sa copine à ses parents. → Loïc leur présente sa copine. (leur = à ses parents)

—Carole dit bonjour à Adrien. → Carole lui dit bonjour. (lui = à Adrien)

—Mon père parle à moi → Mon père me parle. (me = à moi)

b) 在肯定命令句中，间接宾语人称代词放在动词后面，并以连字符"-"连接。me, te 要变成 moi, toi，其他不变。如：

—Dites-moi.

—Donne-moi le stylo.

—Parle-moi de votre projet.

c) 在否定命令句中，间接宾语人称代词放在有关动词的前面。

—Ne lui parle pas.

—Ne lui raconte pas cette histoire.

—Ne lui dis pas.

△注意：少数动词的间接宾语人称时，不能使用间接宾语人称代词替代，只能用 à +重读

人称代词形式。如：penser à（想念某人），songer à（想起某人），faire attention à（小心某人），recourir à（求助于某人），tenir à（依恋于某人），être opposé à（反对某人），s'intéresser à（关心某人）。

例句：

—Je pense souvent à mes parents. → Je pense à eux.

—Je fais attention à ce vendeur. → Je fais attention à lui.

—Je tiens à mon amie. → Je tiens à elle.

Compréhension orale 听力练习

I. Vous allez entendre six dialogues, après chaque dialogue vous aurez 30 secondes pour identifier si la personne est contente ou mécontente. 您会听到六段对话，然后有30秒钟的时间来辨别说话人是否开心。

La personne est	contente	n'est pas contente
Dialogue 1		
Dialogue 2		
Dialogue 3		
Dialogue 4		
Dialogue 5		
Dialogue 6		

II. Vous allez entendre cinq enregistrements. Chaque enregistrement sera répété deux fois. Vous aurez 30 secondes entre chaque enregistrement pour répondre aux questions suivantes. 您会听到五段录音，每段录音将播放两次。每段录音之间会有30秒钟停顿用于回答相应的问题。

1. Sandra va au théâtre avec _____.

    A. son ami   B. son amie   C. On ne sait pas.

2. 1) Antoine et Georges se connaissent bien ?

    A. Oui   B. Non   C. On ne sait pas.

   2) Le numéro de Georges est bien le 01 45 14 36 28 ?

    A. Oui   B. Non   C. On ne sait pas.

3. Est-ce qu'ils vont venir ?

    A. Oui   B. Non   C. On ne sait pas.

4. Isabelle invite Sandrine à manger chez elle ?

Leçon 7　Ma famille / 我的一家子

  A. Oui   B. Non   C. On ne sait pas.

 5. Nicolas appelle Sébastien pour _____.

  A. le nouvel an   B. son anniversaire   C. le Noël

Exercices 习题

I. Complétez le tableau avec les sujets qui correspondent aux pronoms réfléchis. 给下列自反代词找出合适的主语，需要填写的单词已给出。

Ils / Nous / Je / Mes amis / Elle / Vous / On / Les professeurs / Mon frère et moi / Sophie et Paul / Tu

me	te	se	nous	vous

II. Conjuguez les verbes donnés au présent. 一般现在时变位。

 1. Martin _____ (se lever) à sept heures ?

 2. Tu _____ (se réveiller) à quelle heure ?

 3. Mes copines _____ (se maquiller) tous les jours.

 4. Nous _____ (se promener) dans le parc.

 5. Mon père _____ (se raser) en deux minutes.

 6. Je _____ (se coucher 睡觉) après avoir regardé la télé.

 7. Les enfants _____ (s'endormir) de plus en plus tard.

 8. Vous _____ (se brosser) les dents.

III. Remplissez les lacunes avec des verbes pronominaux en employant le présent de l'indicatif et indiquez leur fonction. 写出代动词的直陈式现在时变位，并指出其意义(自反、相互、被动、绝对)。

 1. Je _____ (s'appeler) Hélène.

 2. Elles _____ (se voir) dans la rue.

 3. Comment ça _____ (s'écrire) ?

 4. Nous _____ (s'écrire) souvent.

 5. William _____ (se parler) dans le bureau.

 6. Vous _____ (s'occuper) de ce travail important, bravo !

 7. Elle _____ (se regarder) dans le miroir.

 8. La vieille maison _____ (se situer 位于) au coin de la place.

 9. On _____ (se disputer 争吵) très souvent.

10. Les romans de Mo Yan _____ (se vendre 销) très bien.

IV. Verbes pronominaux ou verbes simples ? Complétez le texte en utilisant le présent de l'indicatif. 请根据句意选择代动词或非代动词填空。如动词需要变位，请用直陈式现在时变位。

Le matin, je _____ (se réveiller) à 7h, mon mari _____ (se laver) le visage, _____ (se raser 剃须) et _____ (se préparer). Après quoi il _____ (se préparer) du café au lait. Les petits, Claudia et Robert, ne veulent pas _____ (se lever). Je _____ (se réveiller) les enfants et les _____ (s'habiller) et _____ (se dire): « Il est déjà 7h10. On doit _____ (se dépêcher), sinon on va être en retard ». À 7h35 nous _____ (s'asseoir 坐下) ensemble et _____ (se prendre) notre petit-déjeuner. Puis, les enfants _____ (s'en aller) à l'école en bus, je _____ (se promener) le chien avec ma voisine.

Le soir, après le dîner, les enfants _____ (s'amuser) dans leur chambre, ils _____ (s'entendre) bien. Je lis un journal, Claudia aime _____ (se coucher) tôt, mais Robert n'a pas envie de dormir, mon mari lui raconte des histoires pour le/l' _____ (s'endormir). À 10h je suis trop fatiguée. Mais mon mari et moi voulons encore _____ (se voir) un film.

V. Complétez en utilisant les articles partitifs. 用部分冠词填空。

1. À midi, j'ai mangé _____ poulet et _____ frites.
2. Il boit _____ café tous les matins.
3. Au petit déjeuner, les Français mangent _____ pain avec _____ beurre et _____ confiture.
4. Je bois _____ thé.
5. Le soir, je préfère manger _____ soupe ou _____ salade.
6. Dans ce restaurant, on peut manger _____ croissants excellents.
7. Il nous a fait _____ spaghettis avec _____ saucisses grillées.
8. Tu as acheté _____ lait et _____ café.
9. J'ai _____ vin rouge et _____ coca.
10. Vous buvez _____ bière ou _____ champagne ?
11. Le plat du jour, c'est le bœuf bourguignon avec _____ riz.
12. J'écoute _____ musique tous les soirs.

Leçon 7   Ma famille / 我的一家子

13. Vous avez _____ poisson, s'il vous plaît ?

14. Il faut prendre _____ médicaments (药).

15. Il a mis _____ sel (盐) dans son café !

16. Nous aimons faire _____ vélo.

VI. Reliez les deux parties de la phrase. 直接宾语连线。

J'écoute   du temps libre ensemble.

Elle trouve   de manger trop de chocolat.

Nous passons   de la musique.

Vous évitez   ta chambre avec ton frère.

Tu partages   un secret de son copain.

Il finit   son travail.

VII. Reliez les deux parties de la phrase. 间接宾语连线。

Tu penses à   sa rose.

Nous jouons   au football.

Le petit prince s'occupe de prendre un rendez-vous avec le dentiste.

On n'a pas peur (害怕) de   mes parents.

Je n'écris pas souvent à   son institutrice. (小学老师)

Elle dit bonsoir aux   invités.

VIII. Répondez aux questions avec les pronoms personnels compléments d'objet direct. 用直接宾语人称代词回答问题。

Tu veux monter cette valise?   Oui, je veux la monter.

1. Avez-vous le journal d'aujourd'hui ?

   Oui, _____

2. Est-ce que tu regardes souvent la télé ?

   Non, _____

3. Tu connais bien la France et les Français ?

   Non, _____

4. Vas-tu mettre tes chaussures dans la maison ?

   Oui, _____

5. Est-ce qu'ils vont trouver le vol MH370 ?

   Non, _____

IX. Répondez aux questions avec les pronoms personnels compléments d'objet

indirect ou le pronom tonique si nécessaire. 用间接宾语人称代词或重读人称代词(如有必要)回答问题。

—Est-ce que tu veux écrire à Lima ?

—Non, je ne veux pas lui écrire.

1. Elles téléphonent souvent aux clients ?

   Non, _____

2. Vous devez répondre à sa copine ?

   Oui, _____

3. Est-ce qu'elle parle à ses parents ?

   Non, _____

4. Les gâteaux plaisent aux enfants ?

   Oui, _____

5. Fais-tu attention à ton patron ?

   Oui, _____

X. Le pronom personnel complément d'objet direct ou indirect. 直接宾语人称代词、间接宾语人称代词的选择。

Tu aimes bien le film. → Tu l'aimes bien.

1. Ils rencontrent Charles Bovary.

2. Vous remerciez les étudiants.

3. J'appelle le médecin.

4. Je demande à mon professeur.

5. Nous sourions toujours à nos clients.

6. Cela plaît beaucoup à ma femme.

7. La mère prépare de la salade.

8. Elles font ce cadeau à Anne Hathaway pour son anniversaire.

XI. Remplacez les mots soulignés par les pronoms : le(l'), la(l'), les, lui ou leur. 用宾语人称代词 le(l'), la(l'), les, lui 或 leur 代替画线单词。

1. Il regarde beaucoup la télévision. Il _____ regarde beaucoup.

2. Il adore l'art moderne. Il _____ adore.

3. Tu écris à Évelyne. Tu _____ écris.

4. Vous parlez à Fabien. Vous _____ parlez.

5. Ma dissertation plaît au professeur. Ma dissertation _____ plaît.

Leçon 7　Ma famille / 我的一家子

6. On ne prend pas le bus ce matin. On ne _____ prend pas ce matin.

7. Mes copains téléphonent à leurs amis. Ils _____ téléphonent.

8. Gaétan partage son expérience en Afrique. Il _____ partage.

9. Je demande à mes parents de me faire un bon repas. Je _____ demande de me faire un bon repas.

XII. Remplacez le complément d'objet par un pronom qui convient. 选择适当的代词代替下列命令句中的宾语。

1. Oublie ton petit ami ! → Oublie-le !
2. Ne téléphone pas si vite à Vidal !
3. Change les draps (床单) !
4. Ne restez pas à Londres !
5. Va au restaurant !
6. Donne des chats à la vieille dame !
7. Finissez tes légumes !
8. N'ayez pas peur du chien !

XIII. Production écrite : présentez votre famille. 写作：介绍一下你的家庭。

_____
_____
_____
_____
_____
_____
_____
_____
_____
_____

Lecture – Qu'est-ce que tu fais pour rester en forme ?

Je fais beaucoup de choses pour rester en forme. Le week-end par exemple je vais au parc à Lancaster. Je fais du vélo ou je joue au foot. Le sport est important pour se faire des amis et aussi bon pour la santé.

Au collège, nous pratiquons plusieurs sports. C'est un collège traditionnel et nous sommes obligés de jouer au rugby. J'adore ça car c'est un sport physique, un sport d'équipe et j'adore jouer dehors. Je joue pour la première équipe et nous avons un match tous les week-ends en hiver contre d'autres collèges. C'est motivant.

Je pense aussi qu'il est important d'avoir une activité intellectuelle pour rester en forme. Alors, je fais des mots croisés, je joue aux échecs et aux dames et, de temps en temps, je lis.

Vocabulaire 词汇

chose	n.f.	事物, 事情, 东西, 事情	physique	adj.	身体的
exemple	n.m.	例子	équipe	n.f.	队, 班, 组
dehors	adv.	在外边, 在外面	hiver	n.m.	冬天
contre	prép.	对着, 反对, 反抗	santé	n.f.	健康
motivant,e	adj.	使振奋的, 激励的	collège	n.m.	初中
autre	adj.	不同的, 别的	intellectuel, le	adj.	用脑力的, 智力的, 理智的
traditionnel,le	adj.	传统的	mot	n.m.	词, 字
obligé,e	adj.	负有义务的, 必须……的	croisé,e	adj.	交叉的, 相交的
rugby	n.m.	<英>橄榄球(运动)	échecs	n.pl.	象棋
lire	v.t.	阅读, 阅览, 看(书等)			

Notes 注释

1. **rester en forme** 保持健康。

   en有多种用法：

   ◇ en bonne santé, en panne, en retard 表状态。

   ◇ en français 表语言, 表科目。

   ◇ en bleu 表颜色。

   ◇ en métro 表方式。

   ◇ en février 表月份。

   ◇ en France 表地点。

2. **par exemple** 例如, 固定搭配。

3. **Alors, je fais des mots croisés, je joue aux échecs et aux dames et, de temps en temps, je lis.** 所以我玩填字游戏、下棋, 还时不时读些书。

   ◇ de temps en temps 时不时地, 偶尔。

   Fumer de temps en temps met aussi la santé en danger. 偶尔吸烟也对身体有害。

Leçon 7　Ma famille / 我的一家子

Répondez aux questions suivantes d'après le texte.

1) L'auteur fait souvent du vélo le week-end ?
___
___

2) L'auteur aime-t-il le sport ? Pourquoi ?
___
___

3) L'auteur fait-il souvent des jeux de cerveau ?
___
___

4) Pourquoi entraîne-t-il son cerveau ?
___
___

5) Quels genres de jeux intellectuels fait-il ?
___
___

Lexique complémentaire – La vie quotidienne 日常生活

ouvert	adj.	开的	avoir soif	渴了
fermé	adj.	关的	écouter de la musique	听音乐
dormir	v.i.	睡觉	faire dodo	睡觉（儿语）
bavarder	v.i.	聊天	faire la cuisine	做饭
rentrer	v.i.	回家	faire la vaisselle	洗碗
sortir	v.i.	出去	faire le ménage	做家务
s'habiller	v.pr.	穿衣服	faire sécher le linge	晾衣服
se déshabiller	v.pr.	脱衣服	fumer une cigarette	吸烟
se lever	v.pr.	起床	la vie quotidienne	日常生活
se coucher	v.pr.	睡觉	laver le linge	洗衣服
se reposer	v.pr.	休息	faire la lessive	洗衣服
manger	v.t.	吃	laver les mains	洗手
boire	v.t.	喝	passer l'aspirateur	吸尘
porter	v.t.	戴	prendre un bain	泡澡

balayer	v.t.	扫地	prendre une douche	淋浴
téléphoner	v.t.	打电话	regarder la télé	看电视
ouvrir	v.t.	打开	regarder le journal	看报纸
fermer	v.t.	关上	repasser le linge	熨衣服
aller aux toilettes		上厕所	faire le repassage	熨衣服
arroser les fleurs		浇花	se brosser les dents	刷牙
avoir bien mangé		吃饱了	se laver le visage	洗脸
avoir faim		饿了	vider la poubelle	倒垃圾桶

Leçon 8 — Le week-end
周末

Voici leur week-end, quel est le vôtre? Avez-vous passé un bon week-end ?

Virginie est partie en week-end prolongé dans un hôtel à Arcachon avec son mari. Ils se sont beaucoup promenés.

Virginie adore les vacances à la mer. Elle s'est baignée, elle s'est reposée, elle s'est amusée. Son mari, lui, n'aime pas beaucoup la mer, il trouve qu'il fait trop chaud sur la plage.

Alors il s'est ennuyé. Il n'est pas baigné, il n'a fait que dormir.

Étienne et Léa sont partis pour deux jours à Berlin. Ils sont arrivés samedi matin et ils ont visité la ville toute la journée. Le soir, ils sont allés à un concert. Ils ont passé une très bonne soirée. Ils sont rentrés dimanche matin en avion.

Clara a fait les magasins. Elle a acheté des vêtements : un beau pull chaud et une belle robe. La robe a coûté seulement vingt euros. Le soir, elle a dîné avec son frère dans un restaurant au bord de la Seine. Ils ont pris une pizza. Clara a bu une bière, son frère a pris un verre de vin.

Alors, ce week-end Marion a fait beaucoup de choses. Samedi matin, elle est allée au parc avec ses amis. Dans le parc, Ils ont fait du vélo et acheté une glace dans un café. Après cela, ils sont allés en ville pour voir un film au cinéma. Ils ont vu «Matrix», un film de science-fiction. Elle a mangé du pop-corn et a bu du Fanta.

Le dimanche, Marie est allée avec sa famille à Grange. Ils ont voyagé en voiture. Le trajet a duré cinquante minutes. Ils vont tous les dimanches à Grange car ses grands-parents habitent là-bas. Il a plu toute la journée. Elle est restée à la maison à regarder la télé et à jouer aux cartes avec son grand-père. Vers midi, ils ont fait une sieste. Le soir, elle a fait ses devoirs dans sa chambre et elle a joué un peu sur son ordinateur.

Notes 注释

1. Voici leur week-end, quel est le vôtre？这些是他们的周末，你们的是怎样的呢？

   le vôtre 是主有代词。具体用法见课后语法。

2. Ils se sont beaucoup promenés. 他们经常散步。

   se promener 散步。这句话当中使用了复合过去时，表示已经完成的动作；助动词用être。

3. Il n'a fait que dormir. 他只是睡觉。

   ◇ ne...que 不表否定，表限定，表示"只有、仅仅"。

   例如，Il ne mange que de la salade. 他只吃些沙拉。

   Il ne nous reste que deux minutes. 我们只剩两分钟了。

4. toute la journée. 一整天。

   类似的表达还有，toute la nuit 一整晚；toute la matinée 一整个上午。

Leçon 8　Le week-end / 周末

5. Clara a fait les magasins. 克拉拉逛了商店。

◇ faire les magasins 逛商店，类似的表达有"faire du shopping"。

6. en week-end prolongé 连休

法国人假期比较多。假设周四是节假日，周五原本为正常上班日，如果周五也休假的话，那么他们可以过一个为期四天的长周末，也就是 week-end prolongé，也叫 faire le pont（搭桥）。

Vocabulaire 词汇

prolongé, e	adj.	延长的, 持久的	la Seine			塞纳河
hôtel	n.m.	酒店	bière	n.f.		啤酒
mer	n.f.	大海	verre	n.m.		杯子
se baigner	v.pr.	浸泡, 弄湿	parc	n.m.		公园, 停车场
se reposer	v.pr.	休息	vélo	n.m.		自行车
s'amuser	v.pr.	玩耍	cela	pron.dem.		这件事, 那
mari	n.m.	丈夫	film	n.m.		电影
chaud, e	adj.	热的, 热心的	science	n.f.		科学
s'ennuyer	v.pr.	无聊	fiction	n.f.		假想, 虚构
dormir	v.i.	睡觉	pop-corn	n.m.		爆米花
Berlin		柏林[德]	Fanta	n.m.		芬达
ville	n.f.	城市	voyager	v.i.		旅行, 游历
concert	n.m.	音乐会	trajet	n.m.		行程
soirée	n.f.	晚上, 晚会	durer	v.i.		持续
magasin	n.m.	商店	tout, e	adj.		所有的, 全部的
acheter	v.t.	购买	télé	n.f.		电视
vêtement	n.m.	衣服	carte	n.f.		卡片, 名片, 地图
pull	n.m.	套领毛衣	grand-père	n.m.		祖父
robe	n.f.	长裙	sieste	n.f.		午睡, 午休
coûter	v.i.	值(多少钱), 花费, 费劲	retour	n.m.		回程
seulement	adv.	仅仅地, 只有	chambre	n.f.		卧室
euro	n.m.	欧元	suivre	v.t.		跟随, 遵循, 理解, 领会
bord	n.m.	边缘, 岸边				

Notes de cours

Leçon 8　Le week-end/周末

Grammaire 语法

Les pronoms possessifs 主有代词

1. 构成

	拥有者为单数		拥有者为复数	
	单数	复数	单数	复数
阳性	le mien	les miens	le nôtre	les nôtres
阴性	la mienne	les miennes	la nôtre	
阳性	le tien	les tiens	le vôtre	les vôtres
阴性	la tienne	les tiennes	la vôtre	
阳性	le sien	les siens	le leur	les leurs
阴性	la sienne	les siennes	la leur	

2. 使用

主有代词代替上文中提及的名词，并在性、数上和该名词保持一致。

——Son portable et le mien sont en panne.

——Son portable est en panne, le mien aussi.

——Il me parle de son école et je lui parle de la mienne.

主有代词可与介词à和de缩合。如，

——Guillaume a rapporté mon livre, mais il n'a pas pensé au tien.

——Cette femme habite dans l'appartement à côté du mien.

Le participe passé 过去分词

过去分词是由动词不定式变化而来的一种动词形式，它可以和助动词(être, avoir)结合在一起使用，构成法语的复合时态。

构成：

第一组动词：去掉词尾-er，加上é

parler → parlé　　　　　présenter → présenté

第二组动词：去掉词尾-ir，加上i

finir → fini　　　　　　réussir → réussi

第三组动词变化不规则，需逐个记忆：

动词不定式	过去分词	动词不定式	过去分词
avoir	eu	savoir	su
être	été	dire	dit
aller	allé	apprendre	appris
faire	fait	attendre	attendu
prendre	pris	comprendre	compris
falloir	fallu	écrire	écrit
partir	parti	lire	lu
devoir	dû	mettre	mis
venir	venu	pleuvoir	plu
sortir	sorti	pouvoir	pu
voir	vu	recevoir	reçu
vouloir	voulu	suivre	suivi

Le passé composé 复合过去时

复合过去时表示过去发生的动作，或从现在角度看，已经完成的动作。

由 avoir 或 être 的现在时+过去分词构成。

以 avoir 为助动词构成复合过去时的情况

1. 所有及物动词和大部分不及物动词在构成复合时态时，均使用助动词 avoir+过去分词构成。

parler	
J'ai parlé	Nous avons parlé
Tu as parlé	Vous avez parlé
Il a parlé	Ils ont parlé
Elle a parlé	Elles ont parlé

否定式：Je n'ai pas parlé.
疑问式：Ai-je parlé ?

以 être 为助动词构成复合过去时的情况

2. 一小部分不及物动词和所有代词式动词以 être 作助动词。

以 être 作助动词的常用不及物动词：

——表示"来、去、到达、留下"等义：aller, entrer, rentrer, sortir, venir, passer, arriver, retourner, partir, rester, revenir

——表示"上、下、掉落"：descendre, monter, tomber

Leçon 8　Le week-end/周末

—表示状态的改变：devenir

—表示"生死"：naître, mourir

aller	
je suis allé(e)	nous sommes allés(es)
tu es allé(e)	vous êtes allé(e) (s) (es)
il est allé	ils sont allés
elle est allée	elles sont allées

否定式：Il n'est pas allé au marché.
疑问式：Est-il allé au musée ?
　　　　A-t-il habité à Lyon ?
　　　　Ai-je fait une erreur ?
　　　　Avez-vous demandé de passer ?
　　　　Est-ce que nous avons réussi les examens ?

se lever	
Je me suis levé(e)	nous nous sommes levés(es)
Tu t'es levé(e)	vous vous êtes levé(e) (s) (es)
il s'est levé	ils se sont levés
elle s'est levée	elles se sont levées

否定式：Il ne s'est pas levé.
疑问式：S'est-il levé ?
　　　　Nous sommes-nous levés à 7h du matin ?
　　　　Vous êtes-vous rencontrés au centre-ville ?
　　　　S'est-elle préparé un café ?
　　　　Me suis-je habillé à 9 heures ?
　　　　Est-ce que vous vous êtes bien reposés ?

△注意：

—有些动词作及物动词时，使用助动词avoir，作不及物动词时，用être。例如：

　—J'ai monté ma valise dans la voiture. (及物动词) 我把行李箱搬上了汽车。

　—Je suis monté dans la voiture. (不及物动词) 我上了汽车。

　—J'ai descendu les bagages de la voiture. 我把行李从车上搬了下来。

　—Je suis descendu de la voiture. 我从车上下来。

—在以être做助动词的复合时态中，过去分词有性数的变化，过去分词要与主语配合。

L'accord du participe passé 过去分词的配合

　复合时态中，过去分词有时需要与主语或者前置宾语成分做相应的性数配合。大体规则如下：

1. 助动词 être

1) 不及物动词(verbes intransitifs)与主语做性数配合。

Ils sont montés à Paris hier. 他们北上去巴黎了。

Elle est passée hier. 她昨天过来了。

2) 代词式动词(verbes pronominaux)过去分词的性数配合：

代词式动词表被动意义和绝对意义时，过去分词需和主语进行性数配合。

Les voitures se sont vendues rapidement. 那些汽车很快被卖掉了。(被动意义)

Les guirlandes se sont allumées dans l'avenue. 大街上的装饰带被点亮了。(被动意义)

Elle s'est doutée de cela. 她料到了这个。(绝对意义)

代词式动词表自反意义和相互意义时，过去分词的性、数配合取决于自反代词是做直接宾语还是间接宾语，并分以下三种情况。

a) 第一类代词式动词(verbe essentiellement pronominal)在任何情况下都需要与主语做性数配合。

例如：Annie s'est souvenue de son aventure en Angleterre. 安妮回想起了她在英国的经历。

Deux prisonniers se sont enfuis de prison. 两个囚犯越狱了。

b) 第二类代词式动词(verbe occasionnellement pronominal)：

◇ 如果自反代词是直接宾语，过去分词必须和自反代词的性数相配合。例如：

Elles se sont lavées avant de se coucher. 她们睡前洗了个澡。

(自反代词se是直接宾语，表示自反意义)

◇ 如果自反代词是间接宾语，过去分词没有性数变化。例如：

Elle s'est lavé les mains. 她洗手了。

(本句的直接宾语是les mains，se做间接宾语。)

◇ 代词式动词的直接宾语前置时，过去分词需要和直接宾语做性数配合。

Paul et Pierre se sont écrit. (se 为间宾，无需性数配合)

Paul et Pierre se sont écrit de belles lettres. [直宾后置(postposé)，无需性数配合]

Les longues lettres que Paul et Pierre se sont écrites sont passionnantes. [直宾前置(antéposé)，需性数配合]

2. 助动词 avoir，且直接宾语前置

Valérie a jeté les poubelles. Valérie 把垃圾扔了。(直宾后置，无需性数配合)

Les poubelles que Valérie a jetées sont à Anthony. Valérie 扔的垃圾是 Anthony 的。(poubelles为直宾，且前置，需性数配合。)

Leçon 8　Le week-end / 周末

　　Romain a acheté une chemise hier. Romain 昨天买了一件衬衣。（直宾后置，无需性数配合）

　　La chemise que Romain a achet**é**e est chère. Romain 买的衬衣挺贵的。（chemise 为直宾，且前置，需性数配合）

　　Romain l'a achet**é**e cher. Romain 的衬衣买得挺贵的。（la = chemise，直接宾语人称代词前置，需性数配合）

　　△注意：有些句子根据不同的理解，配合也不一样。

　　例一：意义相同，可配合也可不配合。

　　1) Les mois qu'il a vécu à Londres étaient éprouvants. 他在伦敦生活的那几个月（简直）不堪回首。

　　que 表示引出一个状语从句：Les mois <u>pendant lesquels</u> il a vécu à Londres furent éprouvants，此时无需配合。

　　2) Les mois qu'il a vécus à Londres étaient éprouvants. 他在伦敦生活的那几个月（简直）不堪回首。

　　que 用作引出直宾的关系代词：Il a vécu à Londres <u>des mois</u> éprouvants，需配合。

　　例二：两句话意思很相近，但是配合不同。

　　3) Les fruits que j'ai vus mûrir sont délicieux. 这些我看着成熟的水果，真好吃。

　　需要配合是因为 que 的直宾为 les fruits：J'ai vu <u>des fruits</u> mûrir.

　　此时 mûrir 相当于一个品质形容词：J'ai vu des fruits <u>mûrs</u>.

　　4) Les fruits que j'ai vu cueillir sont délicieux. 这些我看着被采摘下来的水果，真好吃。

　　不需要配合是因为 cueillir 为 voir 的直宾，les fruits 为 cueillir 的直宾。

Compréhension orale　听力练习

　　Écoutez deux fois chaque conversation, puis répondez aux questions. 每段对话听两遍，然后回答问题。

Conversation n°1

1. La dame va partir à Nice cet après-midi ?

　　A. Oui　　　　　　B. Non　　　　　　C. On ne sait pas.

2. La dame arrive à Nice à 7h56.

　　A. Oui　　　　　　B. Non　　　　　　C. On ne sait pas.

3. La dame réserve (预定) un billet de seconde classe ?

　　A. Oui　　　　　　B. Non　　　　　　C. On ne sait pas.

Conversation n°2

1. La conversation a lieu (发生) dans une _____.
   A. agence bancaire   B. agence de voyage   C. agence de location de vélo
2. La personne part pour combien de temps ? _____
3. La personne préfère partir _____ ?
   A. en juin   B. en juillet   C. en août
4. Pour l'hébergement (住宿), il va _____ ?
   A. aller à l'hôtel   B. chez l'habitant   C. louer une chambre
5. La personne réserve sur place son voyage ?
   A. Oui   B. Non   C. On ne sait pas.

Exercices 习题

I. Complétez avec un adjectif possessif ou un pronom possessif. 用主有形容词或主有代词填空。

—Excusez-moi, jeune homme. Ne mettez pas _____ pieds sur la chaise. C'est interdit (禁止).

—Avez-vous un plan de métro de Paris ? _____ est trop vieux. Je ne peux plus rien lire.

—Diane n'a pas _____ passeport, Bertrand n'a pas _____ non plus, alors on fait comment ?

—J'ai changé (更换) de numéro de portable, je te donne _____ nouveau numéro. Tu me rappelles (提醒、提及) _____ s'il te plaît ?

—Excusez-moi, monsieur, pourriez-vous déplacer _____ voiture s'il vous plaît ?

Je suis désolé, mais cette voiture n'est pas _____.

—Il faut féliciter Robert et Hanane, _____ projet est excellent. Adam et Louise, nous attendons encore _____.

II. Complétez les phrases suivantes avec les pronoms possessifs qui conviennent. 用合适的主有代词填空。

1. C'est le lit de Mélissa ? Oui, c'est _____.
2. Ces papiers sont à la professeure ? Oui, ce sont _____.
3. Cet enfant est à vous ? Oui, c'est _____.
4. Ce jardin à Diane et Bertrand ? Oui, c'est _____.

Leçon 8　Le week-end / 周末

5. Cette salle est à toi ? Oui, c'est _____.

6. Ces lapins sont aux enfants ? Oui, ce sont _____.

7. Ces tables sont à Marie ? Oui, ce sont _____.

8. Ces animaux sont à nous ? Oui, ce sont _____.

III. Conjuguez le verbe « avoir » au passé composé. 写出 **avoir** 的复合过去时变位。

La semaine dernière...

1. Je _____ de la fièvre.

2. Tu _____ de la chance.

3. Vous (ne pas) _____ de courage.

4. Nous (ne pas) _____ de peur.

5. Marisa _____ besoin de lui.

IV. Conjuguez le verbe « être » au passé composé. 写出 **être** 的复合过去时变位。

Hier...

1. Nous _____ fatigués.

2. Vous _____ courageuse.

3. Ils (ne pas) _____ heureux.

4. Je _____ surprise.

5. Tu _____ malade.

V. Conjuguez les verbes transitifs au passé composé. 写出下列及物动词的复合过去时。

1. Elle _____ (faire) un cadeau à sa mère.

2. Nous _____ (prendre) un repas avec Ma Yun.

3. Il _____ (ne pas falloir) y arriver une heure à l'avance.

4. Est-ce qu'elle _____ (connaître) la difficulté ?

5. Elle _____ longtemps _____ (vivre) seule à la campagne.

6. Vous _____ (lire) le roman Jean-Christophe de Romain Rolland ?

7. Elles _____ (suivre) ses études en France.

8. Pourquoi tu _____ (ne pas recevoir) le cadeau ?

9. _____-je _____ (dire) cela à Michelle ?

10. Est-ce qu'on _____ (déjà savoir) ?

VI. Conjuguez les verbes intransitifs au passé composé. 写出下列不及物动词的复合过去时变位。

1. _____-elles _____ (aller) à la mer l'été dernier ?

2. Je _____ (sortir) hier soir pour m'amuser.

3. Nous _____ (ne pas entrer) à l'école la même année.

4. La nuit _____ (tomber) quelques heures avant.

5. Quand _____-tu _____ (revenir) d'Argentine ?

6. En quelle année Simone de Beauvoir _____-elle _____ (mourir)?

7. Le train de Paris _____ (ne pas encore arriver).

8. Vous _____ (y rester) toute la journée ?

9. Mon mari _____ (devenir) avocat !

10. Elle _____ (ne pas encore naître) !

VII. Mettez les verbes au passé composé selon le contexte. 根据句意将下列动词变成合适的复合过去时态。

Monter

Nous _____ au sommet de la tour Eiffel. Je _____ les valises dans le train . Quel beau paysage !

sortir

Les enfants _____ leur livre du sac. Après le cours, ils _____ de la classe.

rentrer

Elle _____ tard la nuit. Elle _____ des lettres.

descendre

Je _____ ma valise du train. Je dois tout faire. Je ne suis pas la fée ! Je _____ (ne pas descendre) du ciel !

VIII. Mettez les verbes pronominaux au passé composé et faites attention à l'accord. 用代词式动词的复合过去时填空，注意过去分词的性数配合。

1. Elle _____ (se laver) la tête avant de partir.

2. Il _____ (se raser) très vite ce matin.

3. _____-vous _____ (se promener) avec Monsieur Li hier soir ?

4. Elle _____ (se souvenir) de lui.

5. M.Brun _____ (se suicider 自杀) il y a deux ans.

6. L'iPhone X _____ (se vendre 卖) bien _____ au

Leçon 8 Le week-end / 周末

marché européen.

7. Elles _____ (ne pas se dire) bonjour.

8. Beauvoir et Sartre _____ (se rencontrer 碰面) à l'Ecole Normale Supérieure.

9. Mes professeurs et moi _____ (ne pas s'écrire).

IX. Complétez les phrases avec « le matin », « la matinée », « le soir », « la soirée », « le jour », « la journée », « toute la soirée », « ce matin ». 用上述词汇填空。

1. Demain, Julie va fêter son anniversaire _____ dans son nouvel appart !

2. _____, je prends beaucoup de temps à me réveiller !

3. _____ de ses 18 ans, il a fait une fête d'ouf (唔哟, 呼) !

4. En France, _____ de travail dure généralement entre 7 heures et 8 heures.

5. Je t'ai attendu de 18 h à 22 h, c'est-à-dire toute _____ !

6. _____, j'ai rendez-vous à 9h avec Marc pour parler de l'entreprise.

7. Je passerai dans _____, entre 9 h et 11 h.

8. _____, il préfère rester tranquille et regarder le JT (Journal Télévisé) de 20 h.

X. Mettez les verbes suivants au passé composé. 请根据情况将下列动词变成复合式过去时。

1. Ils _____ (partir) là-bas.

2. Elle _____ (acheter) une chemise pour son mari.

3. C'est tout à fait le truc qu'elle _____ (chercher). Merci Monsieur le directeur.

4. Mon passé, je _____ (ne jamais en parler).

5. Les jours qu'elle _____ (vivre) étaient merveilleux.

6. Ils _____ (rentrer) chez eux en voiture.

7. Elle _____ (entrer) dans la maison.

8. Les gâteaux et les bonbons que je _____ (voir) fabriquer étaient délicieux.

9. La chanteuse que je _____ (entendre) chanter ce soir est Eason Chan.

10. Tes valises sont prêtes, je les _____ (préparer) hier soir.

11. Alors, vous _____ (passer) une bonne soirée ?

12. Ta tata _____ (passer) hier soir.

XI. **Conjuguez les verbes pronominaux au passé composé.** 将代词式动词进行复合式过去时变位。

1. Marie-Christine _____ (se coucher) très tard hier soir.

2. Jean-Pierre et Claude _____ (se voir) dans le restaurant L'Auberge.

3. Elle _____ (se souvenir) à temps de sa date d'anniversaire !

4. Nous _____ (se faire plaisir) !

5. Comment vendre une maison qui _____ (ne pas se vendre) ?

6. Les enfants _____ (se disputer) toute la matinée !

7. La petite fille _____ (se laver) toute seule.

8. La petite fille _____ (se laver) ses cheveux.

9. Sandra a acheté une belle veste, elle _____ (se faire) plaisir.

10. Elles _____ (se téléphoner) hier soir.

XII. **Rédaction.** 作文。

Racontez votre voyage le plus inoubliable en 50~70 mots. 用50~70个词描述你曾经最难忘的一次旅行经历。

_____
_____
_____
_____
_____
_____
_____
_____

Leçon 8 Le week-end / 周末

Dialogue A – À la pharmacie

Pharmacien: Bonjour monsieur.

Client: Bonjour, je voudrais quelque chose pour ma femme. Elle a pris froid et elle est enrhumée, elle tousse beaucoup, elle éternue et elle a mal à la gorge.

Pharmacien: Est-ce qu'elle a vu un médecin ?

Client: Non, elle pense que c'est seulement un rhume.

Pharmacien: Elle n'a pas de fièvre ?

Client: Non.

Pharmacien: Bien, on va lui donner un sirop pour la toux, des pastilles pour la gorge, de l'aspirine. Et si elle ne se sent pas mieux dans quatre ou cinq jours, je lui conseille d'aller voir un médecin.

Dialogue B – La consultation chez le médecin

Mélanie est malade. Elle va chez son médecin de famille, le docteur Vamal.

Mélanie: Bonjour, Docteur!

Le docteur: Ah ! Voici ma patiente préférée. Bonjour, Mélanie ! Qu'est-ce qui se passe?

Mélanie: Je ne me sens pas bien: je tousse beaucoup, j'éternue et j'ai mon nez coule. Je me mouche toute la journée. J'utilise au moins dix paquets de mouchoirs par jour.

Le docteur: Allongez-vous, je vais prendre votre tension… 110: votre tension est normale. Vous avez mal à la tête ?

Mélanie: Oui.

Le docteur: Vous avez de la fièvre?

Mélanie: Oui. J'ai une température de 38,7.

Le docteur: Vous avez des courbatures?

Mélanie: Non, je ne crois pas.

Le docteur: Vous êtes en contact avec des personnes malades?

Mélanie: Mon amie a la grippe mais elle reste chez elle.

Le docteur: Bon. Vous avez un bon rhume. Vous prendrez des médicaments: un cachet d'aspirine trois fois par jour et une cuillerée de sirop matin, midi et soir. J'ajoute des gouttes à mettre dans le nez quand il est bouché. Voici votre ordonnance.

Mélanie: Merci, Docteur. Combien coûte la consultation ?

Le docteur: 20 euros, s'il vous plaît. Au revoir, Mélanie.

Mélanie: D'accord. Au revoir, Docteur.

Vocabulaire 词汇

pharmacie	n.f.	药店	allonger	v.i./v.t.	变长; 延长; 伸开
enrhumé,e	adj.	感冒的, 伤风的	tension	n.f.	血压
tousser	v.i.	咳嗽	normal,e	adj.	正常的
éternuer	v.i.	打喷嚏	mal	n.m./adv.	疼痛, 不适; 坏地, 不好
gorge	n.f.	喉咙, 嗓子	tête	n.f.	头, 头部
médecin	n.m.	医生	courbature	n.f.	疲劳, 酸痛
penser	v.i./v.t.	想, 思考; 想到, 考虑	croire	v.t.	相信; 信任
rhume	n.m.	感冒, 伤风	contact	n.m.	联系, 接触, 来往
fièvre	n.f.	发烧	personne	n.f.	人, 个人
toux	n.f.	咳嗽	malade	adj.	生病的
sirop	n.m.	糖浆, 糖汁	grippe	n.f.	流感
pastille	n.f.	糖片; 锭剂, 片剂	rester	v.i.	停留; 保持; 逗留
aspirine	n.f.	阿司匹林	médicament	n.m.	药剂, 药片, 药丸
sentir	v.t.	感觉, 觉得; 闻到	cachet	n.m.	胶囊药剂
mieux	adv.	更好地, 更加地	fois	n.f.	次, 回; 倍
conseiller	v.t.	劝告, 建议	cuillerée	n.f.	一匙(勺)的容量
consultation	n.f.	咨询, 会诊	midi	n.m.	中午, 正午
docteur	n.m.	医生; 博士	ajouter	v.t.	增加, 添加, 补充
patient,e	n.	病人	goutte	n.f.	滴; 滴剂
préféré,e	adj.	最为人所喜爱的	mettre	v.t.	放置, 搁; 安装
nez	n.m.	鼻子	boucher	v.t.	堵塞, 塞住
couler	v.i.	流, 流动; 漏水	ordonnance	n.f.	药方, 处方
moucher	v.t.	擤鼻涕	coûter	v.t.	值(多少钱); 花费
paquet	n.m.	包, 盒; 一(包)盒之量	mouchoir	n.m.	手绢, 手帕

Leçon 8　Le week-end/周末

> **Notes 注释**

1. Elle a pris froid et elle est enrhumée, elle tousse beaucoup, elle éternue et elle a mal à la gorge. 她着了凉，还感冒了。她不停地咳嗽、打喷嚏，而且喉咙痛。

    ◇ prendre froid 着凉

    Ma fille a pris froid. 我女儿着凉了。

2. Vous êtes en contact avec des personnes malades? 你和病人有过接触吗？

    ◇ en contact avec qn. 和某人有接触、来往。

    La femme reste en contact avec son ex-mari après le divorce.

    那个女人离婚后和前夫保持联系。

3. Bon. Vous avez un bon rhume. 好吧，你患上了重感冒。

    bon 在这里表示"严重的"，形容程度深。如，un bon coup de pied 狠狠踢一脚。

4. un cachet d'aspirine trois fois par jour et une cuillerée de sirop matin, midi et soir.

    阿司匹林片每天三次，还有早中晚各一勺糖浆。

    ◇ par jour 每天。par mois 每月；par an 每年。

Répondez aux questions suivantes d'après le dialogue A.

I. Faites une correspondance.

Avoir de la fièvre	Avoir mal à la gorge	Éternuer	Tousser

II. Vrai ou faux ? 判断正误。

1) Le client va à la pharmacie pour lui-même.

   A. Vrai　　　　　　　　B. Faux

2) La femme du client a de la fièvre.

   A. Vrai　　　　　　　　B. Faux

3) La femme attrape un rhume mais elle ne tousse pas.

   A. Vrai　　　　　　　　B. Faux

4) Si la femme ne se sent pas mieux dans quelques jours, l'employé lui conseille d'aller voir un médecin.

   A. Vrai　　　　　　　　B. Faux

III. Complétez avec une préposition. 用介词填空。

1) Philippe va _____ la pharmacie à cause de son rhume.

2) Elle a mal _____ la tête.

3) Je vous conseille _____ attendre.

4) La situation sera sous contrôle _____ les 48 heures.

Répondez aux questions suivantes d'après le dialogue B. 根据第二段对话回答下列问题。

IV. Qu'est-ce qui est arrivé à Mélanie ?
_____
_____

V. Quels médicaments Mélanie doit-elle prendre ?
_____
_____

VI. Quelle est la relation entre Mélanie et Vamal ?
_____
_____

VII. Elle est malade à cause de son amie. Vrai ou faux ?
_____
_____

VIII. Choisissez la réponse correcte. 选出正确选项。

1) Combien de mouchoirs Mélanie utilise-elle par jour ?

   A. au moins (至少) dix   B. moins de (少于) dix   C. près de six

2) Quelle est la température de Mélanie ?

   A. 37,8   B. 38,7   C. 38

3) Quelle est la tension de Mélanie ?

   A. 11,2   B. 12,1   C. 13,2

4) Combien de fois doit-elle prendre du sirop par jour ?

   A. 1   B. 2   C. 3

5) Combien coûte la consultation ?

   A. 20 euros.   B. 30 euros.   C. 15 euros

Leçon 8 Le week-end / 周末

Lexique complémentaire – Les objets quotidiens 日用品

le téléphone portable	手机	la brosse à dents électrique	电动牙刷
le chargeur	充电器	le dentifrice	牙膏
la prise électrique	插头	le lavabo	洗漱池
la prise	插座	le robinet	水龙头
la lampe	灯	le papier toilette	卫生纸
le briquet	打火机	le mouchoir	面巾纸
le cendrier	烟灰缸	le rideau	窗帘
la poubelle	垃圾桶	le coton tige	棉花棒
la pile	电池	le sèche-cheveux	吹风机
le balai	扫把	le coupe-ongles	指甲剪
la pelle	撮箕	le rasoir	剃须刀
le torchon	抹布	le rasoir électrique	电动剃须刀
l'éponge	海绵抹布(如洗碗用的)	le peignoir	浴袍
la calculatrice	计算器	le pyjama	睡衣
le porte-manteau	衣帽架	le savon	肥皂
la bougie	蜡烛	le shampoing	洗发水
la serviette	毛巾	le gel douche	沐浴露
l'étagère	置物架	le peigne	梳子
le miroir	镜子	la balance	体重秤
la brosse à dents	牙刷	la lessive	洗衣粉

Palier 2 阶段复习2

I. Complétez les dialogues suivants par « aller », « venir » ou « partir ». 用 aller, venir 或 partir 补充下列对话。

—Nous _____ au cinéma, tu _____ avec nous ?
—D'accord. À quelle-heure vous _____ ?
—On _____ vers 19 heures.

—Quand est-ce qu'il va _____ ?
—Le semaine prochaine.
—Tu _____ avec lui ?

II. Verbe pronominal : oui ou non ? 使用代词式动词?

aimer
1) Christophe _____ Annie.
2) Joël et Michelle _____.

coucher
3) Je _____ tard, à 23 heures.
4) Mon mari _____ notre bébé à 19h.

téléphoner
5) Je _____ à Michel.
6) Michel et moi, nous _____ pendant une heure.

III. Reliez. 连线。

1. mercredi 6   a. avant-hier
2. lundi 11   b. mercredi dernier
3. mardi 12   c. aujourd'hui
4. mercredi 13   d. hier
5. jeudi 14   e. mercredi prochain
6. vendredi 15   f. après-demain
7. lundi 18   g. demain
8. mercredi 20   h. dans quinze jours
9. mercredi 27   i. lundi prochain

Palier 2 阶段复习 2

IV. Exercices à trous. 填空。

1. Une heure a _____ minutes.

2. Une journée a _____ heures.

3. Il y a _____ minutes dans une demie heure.

4. Quinze minutes font un _____.

5. De midi à _____, il a douze heures.

6. _____ lundi _____ vendredi, je travaille _____ 9h _____ 18h.

V. Reliez. 连线。

Il part dans 24 heures.   la semaine prochaine

Nous partons dans quinze, vingt minutes.   tout de suite

Je pars maintenant.   bientôt

Vous partez dans une semaine.   demain

Elle va partir.   à l'instant

Il part dans deux minutes.   dans un instant

Elles partent dans un mois.   le mois prochain

VI. Complétez par « un(e) », « des », « du », « les », « de la », « de ». 用 un(e), des, du, les, de la 和 de 填空。

J'ai perdu mon sac !

Dans mon sac à dos, il y a _____ ordinateur portable, _____ téléphone portable, _____ clés de la maison, _____ argent, _____ stylos, _____ cahier, _____ mouchoirs (纸巾), _____ monnaie (零钱), _____ bouteille _____ eau (一瓶水), _____ permis _____ conduire (驾照), _____ carte _____ étudiant.

VII. Trouvez le synonyme pour chaque phrase. 给下列句子找出意思相近的动词。

commencer – venir manger – consulter – s'habiller – poser – s'ennuyer

1. Elle met un pull et une robe.   _____

2. Il se met à table.   _____

3. Il met une assiette sur la table.   _____

4. Elle n'a pas grand-chose à faire.   _____

5. Il se met à pleuvoir.   _____

6. Il vaut mieux voir un médecin.   _____

VIII. Complétez le texte avec « an »/« année », « jour »/« journée », etc. 用 an、année、jour、journée等词填空。

Exemple : Nous allons en Allemagne chaque année.

1. Il connaît Thierry depuis huit an_____.

2. Elle reste à la maison toute le/la jour_____.

3. Ma femme va faire les cours dans le/la matin_____.

4. Je vous souhaite un(e) très bon(ne) an_____.

5. Je reste trois an_____ en France.

6. J'ai passé le/la soir_____ avec mes voisins.

7. Cette entreprise est créée il y a vingt an_____.

8. Ma fille a treize an_____.

IX. Conjuguez les verbes au passé composé. 复合过去时变位。

La cliente de la chambre 808 (recevoir) _____ un appel téléphonique et elle (parler) _____ au téléphone pendant une demie heure. Elle (se préparer) _____ et elle (partir) _____ de l'hôtel. Elle (entrer) _____ dans un bar et elle (attendre) _____ quelqu'un qui (ne pas venir) _____. Elle (appeler) _____ au service aux chambres et (demander) _____ un grand verre de coca. Ensuite, elle (manger) _____ un grand sandwich. Elle (sortir) _____ du bar. Elle (prendre) _____ le métro. Elle (retourner 返回) _____ à l'hôtel Ritz. Après le dîner, elle (sortir) _____. Elle (aller) _____ au cinéma et elle (voir) _____ un film qu'elle (beaucoup aimer) _____.

X. Complétez avec « très » ou « trop », ou les deux sont possibles ? très 还是 trop，或者两者皆可？

1. Cet exercice est _____ dur, je ne peux pas le finir.

2. Voilà un travail _____ agréable à lire, bravo.

3. C'est un quartier _____ calme, j'adore !

4. Les plats sont _____ gras, ce n'est pas bien pour la santé.

5. Le trajet va durer 12h, c'est beaucoup _____ long !

6. J'ai _____ envie de chocolat.

Palier 2 阶段复习 2

XI. Posez les questions sur les réponses en utilisant les expressions: pronom interrogatif + « est-ce que ». Mettez les phrases au passé composé. 根据所给的回答提问，用特殊疑问词加 **est-ce que** 结构，并对动词进行复合过去式变位。

Racontez-nous vos vacances !

(partir) Quand est-ce que vous êtes partie ? – Lundi matin.

1. (revenir) _____?
   —En voiture.

2. (aller) _____?
   —Au bord de la mer.

3. (rester) _____?
   —Dix jours.

4. (boire) _____?
   —Un verre de vin et deux bières.

5. (rentrer tôt) _____?
   —Parce qu'il fait mauvais.

6. (retourner) _____?
   —Hier.

7. (parler) _____?
   —Le nouveau directeur.

XII. Remplacez la partie soulignée par « en » ou « y ». 将画线部分用 **en** 或 **y** 替代。

1. Il s'occupe du petit-déjeuner des enfants. → Il s'en occupe.
2. Quentin est un bon élève, il s'amuse à lire. → Il s'_____ amuse.
3. Ils ont envie de recevoir des prix. → Ils _____ ont envie.
4. Mon oncle vit à Londres. → Mon oncle _____ vit.
5. Pierre est allé chez le médecin. → Pierre _____ est allé.
6. Les filles ont besoin de faire des masques. → Les filles _____ ont besoin.
7. Nous avons beaucoup d'amis en France. → Nous _____ avons beaucoup d'ami.
8. Les jeunes filles s'intéressent beaucoup à la mode. → Les jeunes filles s'_____ intéressent beaucoup.

XIII. Complétez avec un pronom complément. 用宾语人称代词填空。

—Pourriez-vous _____ donner votre nom ?

—Beaupuis.

—Oui, on _____ a téléphoné, monsieur Beaupuis car votre dossier n'est pas complet. Vous avez votre carte d'identité (身份证) sur _____ ?

—Oui, je _____ ai ici, voilà.

—Très bien, merci. Je vais _____ photocopier (复印). Et vos justificatifs de domicile (住房证明) ? Je ne _____ trouve pas non plus dans votre dossier.

—Ah ? Je _____ ai donnés à la dame, à l'accueil.

—Quand est-ce que vous _____ avez donné ces papiers s'il vous plaît ?

—Hier.

—Ah ! Asseyez-vous, monsieur Beaupuis. Vous _____ attendez ? Je reviens.

XIV. Complétez avec la bonne forme du verbe. Au présent ou au passé composé ?
用所给动词的合适的形式填空，现在时还是复合式过去时？

1. Hier, à 7h, je _____ (me lever), je _____ (prendre) ma douche, et je _____ (sortir).

2. Je _____ (aller) cinq fois à Hongkong.

3. Je _____ (ne pas avoir) de nouvelles de mon petit ami depuis une semaine. Ça va mal !

4. Elle _____ (terminer) ses études l'année dernière.

5. Mes cousins _____ (vivre) en Afrique pendant quinze ans.

6. Ne me _____ (attendre) pas, je _____ encore _____ (ne pas finir).

7. Je _____ (prendre) mon petit-déjeuner il y a cinq minutes.

8. Ça te dit de prendre un dîner ensemble. —Merci, c'est gentil. Je _____ déjà _____ (dîner).

9. Mon grand-père _____ (naître) à Marseille en 1940.

10. Je _____ (ne pas pouvoir) venir avec vous, je _____ (ne pas encore terminer) mon travail.

XV. Remplacez les éléments soulignés par un pronom qui convient. 将画线部分用合适的代词代替。

Exemple: Je fais confiance <u>à mes enfants</u>. → Je leur fais confiance.

1. Achète <u>les billets</u>.

Palier 2 阶段复习 2

2. Il va retirer (取出) de l'argent.

3. Je n'ai pas de monnaie.

4. Fais attention à ton porte-monnaie (零钱包).

5. Tu ne peux pas parler de ce problème.

6. Je cherche un ATM.

7. Il a eu une carte de crédit (信用卡).

8. Il a eu une carte de crédit.

9. Elle n'est pas allée à la banque.

10. Marie pense à son mari.

11. Je rends la monnaie aux clients.

12. Vous allez appeler mes parents?

XVI. Conjuguez les verbes donnés au passé composé. 用动词的复合式过去时填空。

1. La tasse de café que je (préparer) _____ est très chaude.

2. Les fillettes (rentrer) _____ à la maison.

3. Les petits oiseaux (revenir) _____ du Sud.

4. Les touristes (monter) _____ dans la tour Eiffel.

5. Les œufs que je (acheter) _____ sont bruns.

6. Justine (se promener) _____ seule dans le bois.

7. Les amoureux (se marier) _____ au mois d'août.

8. Les étudiants que nous (rencontrer) _____ sont des immigrants (移民).

9. Nous (manger) _____ la soupe que nous avions préparée.

10. La lettre que je (recevoir) _____ contient des bonnes nouvelles.

11. Les promesses (承诺) qu'ils (se faire) _____

　　 ne sont pas sincères (真诚的).

XVII. Complétez les terminaisons des participes passés s'il y a lieu. 下列动词的复合式过去时形式如有需要进行性数配合的，请写出合适的词尾。

1. Ils ont oublié_____ leur voitures.

2. Ils se sont baigné_____ dans la mer.

3. Elle s'est acheté_____ une nouvelle voiture.

4. L'as-tu déjà vu_____, sa nouvelle voiture ?

5. Pourquoi est-elle tombé_____ dans l'eau ?

6. Te souviens-tu des vacances que nous avons passé_____ ensemble ?

7. Mon fils et son cousin sont resté_____ sous la pluie pendant une heure. Je leur ai donné_____ un bain chaud. Je leur ai fait_____ boire une tisane et je les ai envoyé_____ au lit tout de suite.

XVIII. Transformez comme dans l'exemple. 根据举例填空。

Exemple: Je peux jouer de la guitare ! → <u>Joues-en</u> mais <u>n'en joue pas</u> à côté de moi.

1. Je peux regarder des DVD ?

　　_____ mais _____ toute la journée.

2. Je peux aller à la bibliothèque ?

　　_____ mais _____ à pieds.

3. Je peux prendre une bière ?

　　_____ mais _____ trop.

4. Je peux parler à la directrice ?

　　_____ mais _____ trop.

5. Je peux entrer dans le parc ?

　　_____ mais _____ avec le chien.

6. Je peux rester à la maison ?

　　_____ mais _____ toute la journée.

Palier 2 阶段复习 2

XIX. Compréhension écrite. 阅读理解。

Chers papa et maman,

Je __(1)__ dans la maison de la famille d'accueil __(2)__ Angleterre. Ils sont très sympas : ils m'ont accompagnée __(3)__ Université de Cambridge où je __(4)__ les cours. Ils m'ont montré les installations sportives : un cours de tennis et une piscine. J'ai __(5)__ un vélo pour me déplacer. Je n'ai pas eu de difficulté avec la circulation. C'était un peu bizarre au départ mais après je m'y suis habituée. Le __(6)__ problème que j'ai, c'est pour tourner __(7)__ droite. Il y a deux autres étudiantes dans la maison. Une est Japonaise, elle s'appelle Satoko. Et l'autre Noa, une Israélienne. Elles ne parlent pas du tout français. Je __(8)__ parler anglais tout le temps. C'est très bien pour moi !

Hier, je __(9)__ dans le supermarché à côté. Il a commencé à pleuvoir quand je suis sortie. Heureusement, j'avais mon pull sur moi. Qu'est-ce qu'il faisait froid ! Je m'arrête là, je vais dîner avec les deux filles et __(10)__ pratiquer mon anglais !

Je vous embrasse bien fort.

Sandrine

1. A. vais m'installer B. habite C. viens de m'installer D. suis allée
2. A. dans B. à l' C. dans D. en
3. A. à l' B. dans C. en D. d'
4. A. vais suivre B. fais C. vais D. ai
5. A. volé B. loué C. fait D. mit

6. A. seul B. équilibré C. proche D. unique
7. A. à B. de C. sur D. sur
8. A. peux B. suis obligée C. veux D. dois
9. A. fais du shopping B. ai fait du shopping
   C. fais des courses D. ai fait des courses
10. A. éviter de B. continuer de C. m'occuper de D. plaire à

Leçon 0 Phonétiques / 语音

Les signes de ponctuation
标点符号

.	句号	point
,	逗号	virgule
;	分号	point-virgule
:	冒号	deux points
!	感叹号	point d'exclamation
?	问号	point d'interrogation
…	省略号	points de suspension
-	连字符	tiret
( )	括号	parenthèses
(	左括号	parenthèse ouvrante
)	右括号	parenthèse fermante
[ ]	方括号/中括号	crochets
« »	书名号	guillemets (français)
" "	双引号	guillemets (anglais)
'	省音撇	guillemets (allemands)
*	星号	astérisque
#	井号	dièse
/	斜线	barre de fraction (slash)
'	单引号/省音撇	apostrophe
—	长画线	tiret long
¶	编辑标记	pied-de-mouche
{ }	大括号	accolades
~	波浪线	tilde

Les nombres les plus courants

常用数字

0 – zéro
1 – un
2 – deux
3 – trois
4 – quatre
5 – cinq
6 – six
7 – sept
8 – huit
9 – neuf
10 – dix
11 – onze
12 – douze
13 – treize
14 – quatorze
15 – quinze
16 – seize
17 – dix-sept
18 – dix-huit
19 – dix-neuf
20 – vingt
21 – vingt-et-un
22 – vingt-deux
23 – vingt-trois
24 – vingt-quatre
25 – vingt-cinq
26 – vingt-six
27 – vingt-sept
28 – vingt-huit

29 – vingt-neuf
30 – trente
31 – trente-et-un
32 – trente-deux
33 – trente-trois
34 – trente-quatre
35 – trente-cinq
36 – trente-six
37 – trente-sept
38 – trente-huit
39 – trente-neuf
40 – quarante
41 – quarante-et-un
42 – quarante-deux
43 – quarante-trois
44 – quarante-quatre
45 – quarante-cinq
46 – quarante-six
47 – quarante-sept
48 – quarante-huit
49 – quarante-neuf
50 – cinquante
51 – cinquante-et-un
52 – cinquante-deux
53 – cinquante-trois
54 – cinquante-quatre
55 – cinquante-cinq
56 – cinquante-six
57 – cinquante-sept

58 – cinquante-huit
59 – cinquante-neuf
60 – soixante
61 – soixante-et-un
62 – soixante-deux
63 – soixante-trois
64 – soixante-quatre
65 – soixante-cinq
66 – soixante-six
67 – soixante-sept
68 – soixante-huit
69 – soixante-neuf
70 – soixante-dix
71 – soixante-et-onze
72 – soixante-douze
73 – soixante-treize
74 – soixante-quatorze
75 – soixante-quinze
76 – soixante-seize
77 – soixante-dix-sept
78 – soixante-dix-huit
79 – soixante-dix-neuf
80 – quatre-vingts
81 – quatre-vingt-un
82 – quatre-vingt-deux
83 – quatre-vingt-trois
84 – quatre-vingt-quatre
85 – quatre-vingt-cinq
86 – quatre-vingt-six

Les nombres les plus courants

87 – quatre-vingt-sept	108 – cent-huit	209 – deux-cent-neuf
88 – quatre-vingt-huit	109 – cent-neuf	1000 – mille
89 – quatre-vingt-neuf	120 – cent-vingt	1001 – mille-un
90 – quatre-vingt-dix	121 – cent-vingt-et-un	1002 – mille-deux
91 – quatre-vingt-onze	122 – cent-vingt-deux	1003 – mille-trois
92 – quatre-vingt-douze	123 – cent-vingt-trois	1004 – mille-quatre
93 – quatre-vingt-treize	124 – cent-vingt-quatre	1005 – mille-cinq
94 – quatre-vingt-quatorze	125 – cent-vingt-cinq	1006 – mille-six
95 – quatre-vingt-quinze	126 – cent-vingt-six	1007 – mille-sept
96 – quatre-vingt-seize	127 – cent-vingt-sept	1008 – mille-huit
97 – quatre-vingt-dix-sept	128 – cent-vingt-huit	1009 – mille-neuf
98 – quatre-vingt-dix-huit	129 – cent-vingt-neuf	2200 – deux-mille-deux-cents
99 – quatre-vingt-dix-neuf	200 – deux-cents	2201 – deux-mille-deux-cent-un
100 – cent	201 – deux-cent-un	2202 – deux-mille-deux-cent-deux
101 – cent-un	202 – deux-cent-deux	2203 – deux-mille-deux-cent-trois
102 – cent-deux	203 – deux-cent-trois	2204 – deux-mille-deux-cent-quatre
103 – cent-trois	204 – deux-cent-quatre	2205 – deux-mille-deux-cent-cinq
104 – cent-quatre	205 – deux-cent-cinq	2206 – deux-mille-deux-cent-six
105 – cent-cinq	206 – deux-cent-six	2207 – deux-mille-deux-cent-sept
106 – cent-six	207 – deux-cent-sept	2208 – deux-mille-deux-cent-huit
107 – cent-sept	208 – deux-cent-huit	2209 – deux-mille-deux-cent-neuf

Conjugaison des verbes irréguliers
不规则动词变位表

Infinitif	Indicatif		Impératif
	Présent	Passé composé	
aller	je vais tu vas il va nous allons vous allez ils vont	je suis allé(e) tu es allé(e) il est allé nous sommes allés(es) vous êtes allés(e)(es) ils sont allés	(tu) va (nous) allons (vous) allez
appeler	j'appelle tu appelles il appelle nous appelons vous appelez ils appellent	j'ai appelé tu as appelé il a appelé nous avons appelé vous avez appelé ils ont appelé	(tu) appelle (nous) appelons (tous) appelez
apprendre	j'apprends tu apprends il apprend nous apprenons vous apprenez ils apprennent	j'ai appris tu as appris il a appris nous avons appris vous avez appris ils ont appris	(tu) apprends (nous) apprenons (vous) apprenez
attendre	j'attends tu attends il attend nous attendons vous attendez ils attendent	j'ai attendu tu as attendu il a attendu nous avons attendu vous avez attendu ils ont attendu	(tu) attends (nous) attendons (vous) attendez

Conjugaison des verbes irréguliers

Infinitif	Indicatif		Impératif
	Présent	Passé composé	
avoir	j'ai tu as il a nous avons vous avez ils ont	j'ai eu tu as eu il a eu nous avons eu vous avez eu ils ont eu	(tu) aie (nous) ayons (vous) ayez
boire	je bois tu bois il boit nous buvons vous buvez ils boivent	j'ai bu tu as bu il a bu nous avons bu vous avez bu ils ont bu	(tu) bois (nous) buvons (vous) buvez
connaître	je connais tu connais il connaît nous connaissons vous connaissez ils connaissent	j'ai connu tu as connu il a connu nous avons connu vous avez connu ils ont connu	(tu) connais (nous) connaissons (vous) connaissez
courir	je cours tu cours il court nous courons vous courez ils courent	j'ai couru tu as couru il a couru nous avons couru vous avez couru ils ont couru	(tu) cours (nous) courons (vous) courez
croire	je crois tu crois il croit nous croyons vous croyez ils croient	j'ai cru tu as cru il a cru nous avons cru vous avez cru ils ont cru	(tu) crois (nous) croyons (vous) croyez
devenir	je deviens tu deviens il devient nous devenons vous devenez ils deviennent	je suis devenu(e) tu es devenu(e) il est devenu nous sommes devenus(es) vous êtes devenus(e)(es) ils sont devenus	(tu) deviens (nous) devenons (vous) devenez

Infinitif	Indicatif		Impératif
	Présent	Passé composé	
devoir	je dois tu dois il doit nous devons vous devez ils doivent	j'ai dû tu as dû il a dû nous avons dû vous avez dû ils ont dû	(tu) dois (nous) devons (vous) devez
dire	je dis tu dis il dit nous disons vous dites ils disent	j'ai dit tu as dit il a dit nous avons dit vous avez dit ils ont dit	(tu) dis (nous) disons (vous) dites
dormir	je dors tu dors il dort nous dormons vous dormez ils dorment	j'ai dormi tu as dormi il a dormi nous avons dormi vous avez dormi ils ont dormi	(tu) dors (nous) dormons (ous) dormez
écrire	j'écris tu écris il écrit nous écrivons vous écrivez ils écrivent	j'ai écrit tu as écrit il a écrit nous avons écrit vous avez écrit ils ont écrit	(tu) écris (nous) écrivons (vous) écrivez
envoyer	j'envoie tu envoies il envoie nous envoyons vous envoyez ils envoient	j'ai envoyé tu as envoyé il a envoyé nous avons envoyé vous avez envoyé ils ont envoyé	(tu) envoie (nous) envoyons (vous) envoyez
être	je suis tu es il est nous sommes vous êtes ils sont	j'ai été tu as été il a été nous avons été vous avez été ils ont été	(tu) sois (nous) soyons (vous) soyez

Conjugaison des verbes irréguliers

Infinitif	Indicatif Présent	Passé composé	Impératif
faire	je fais tu fais il fait nous faisons vous faites ils font	j'ai fait tu as fait il a fait nous avons fait vous avez fait ils ont fait	(tu) fais (nous) faisons (vous) faites
falloir	il faut	il a fallu	
lire	je lis tu lis il lit nous lisons vous lisez ils lisent	j'ai lu tu as lu il a lu nous avons lu vous avez lu ils ont lu	(tu) lis (nous) lisons (vous) lisez
mettre	je mets tu mets il met nous mettons vous mettez ils mettent	j'ai mis tu as mis il a mis nous avons mis vous avez mis ils ont mis	(tu) mets (nous) mettons (vous) mettez
ouvrir	j'ouvre tu ouvres il ouvre nous ouvrons vous ouvrez ils ouvrent	j'ai ouvert tu as ouvert il a ouvert nous avons ouvert vous avez ouvert ils ont ouvert	(tu) ouvre (nous) ouvrons (vous) ouvrez
partir	je pars tu pars il part nous partons vous partez ils partent	je suis parti(e) tu es parti(e) il est parti nous sommes partis(es) vous êtes partis(e)(es) ils sont partis	(tu) pars (nous) partons (vous) partez
plaire	je plais tu plais il plaît nous plaisons vous plaisez ils plaisent	j'ai plu tu as plu il a plu nous avons plu vous avez plu ils ont plu	(tu) plais (nous) plaisons (vous) plaisez

Infinitif	Indicatif		Impératif
	Présent	Passé composé	
pleuvoir	il pleut	il a plu	
pouvoir	je peux tu peux il peut nous pouvons vous pouvez ils peuvent	j'ai pu tu as pu il a pu nous avons pu vous avez pu ils ont pu	
prendre	je prends tu prends il prend nous prenons vous prenez ils prennent	j'ai pris tu as pris il a pris nous avons pris vous avez pris ils ont pris	(tu) prends (nous) prenons (vous) prenez
recevoir	je reçois tu reçois il reçoit nous recevons vous recevez ils reçoivent	j'ai reçu tu as reçu il a reçu nous avons reçu vous avez reçu ils ont reçu	(tu) reçois (nous) recevons (vous) recevez
s'asseoir	je m'assieds/assois tu t'assieds/assois il s'assied/assoit nous nous asseyons/assoyons vous vous asseyez/assoyez ils s'asseyent/assoient	je me suis assis(e) tu t'es assis(e) il s'est assis nous nous sommes assis(es) vous vous êtes assis(e)(es) ils se sont assis	(tu) assieds/ assois-toi (nous) asseyons/ assoyons-nous (vous) asseyez/ assoyez-vous
savoir	je sais tu sais il sait nous savons vous savez ils savent	j'ai su tu as su il a su nous avons su vous avez su ils ont su	(tu) sache (nous) sachons (vous) sachez

Conjugaison des verbes irréguliers

Infinitif	Présent	Passé composé	Impératif
		Indicatif	
sortir	je sors tu sors il sort nous sortons vous sortez ils sortent	je suis sorti(e) tu es sorti(e) il est sorti nous sommes sortis(es) vous êtes sortis(e)(es) ils sont sortis	(tu) sors (nous) sortons (vous) sortez
suivre	je suis tu suis il suit nous suivons vous suivez ils suivent	j'ai suivi tu as suivi il a suivi nous avons suivi vous avez suivi ils ont suivi	(tu) suis (nous) suivons (vous) suivez
tenir	je tiens tu tiens il tient nous tenons vous tenez ils tiennent	j'ai tenu tu as tenu il a tenu nous avons tenu vous avez tenu ils ont tenu	(tu) tiens (nous) tenons (vous) tenez
voir	je vois tu vois il voit nous voyons vous voyez ils voient	j'ai vu tu as vu il a vu nous avons vu vous avez vu ils ont vu	(tu) vois (nous) voyons (vous) voyez
vouloir	je veux tu veux il veut nous voulons vous voulez ils veulent	j'ai voulu tu as voulu il a voulu nous avons voulu vous avez voulu ils ont voulu	(tu) veuille / veux (nous) veuillons / voulons (vous) veuillez / voulez

Vocabulaire
总词汇表

A

à côté de	loc.prép.	在……旁边
abonnement	n.m.	预定, 预约; 协议
accueil	n.m.	迎接, 接待, 招待
acheter	v.t.	购买
activité	n.f.	活动, 能动性, 活动力
adorer	v.t.	喜爱, 崇拜; 爱慕
agréable	adj.	惬意的, 讨人喜欢的
aimer	v.t.	爱, 喜欢, 喜爱
ajouter	v.t.	增加, 添加, 补充
Alicante		[西]阿利坎特
aller	v.i.	去, 处于……健康状况
aller au théâtre		看演出
aller aux toilettes		上厕所
allonger	v.i./v.t.	变长; 延长; 伸开
alors	adv.	那么; 因此; 那时
ami	n.	朋友
amour	n.m.	爱, 热爱; 爱情, 恋爱
an	n.m.	年; 年龄, 岁
anglais	n.m.	英语
animé	adj.	活跃的
annulaire	n.m.	无名指
août	n.m.	八月
appartement	n.m.	公寓, 套房
apprendre	v.t.	学习
après-midi	n.m.	下午
arrêt	n.m.	(公交)站; 停止, 停顿
arrivée	n.f.	到达
arroser	v.t.	浇, 洒
arroser les fleurs		浇花
aspect	n.m.	方面, 角度, 观点
aspirine	n.f.	阿司匹林
auriculaire	n.m.	小指
aussi	adv.	也, 同样; 还
automne	n.m.	秋天
avant	prép./adv.	[表示时间]在……以前
avec	prép.	和, 同, 跟, 与
avion	n.m.	飞机
avis	n.m.	见解, 意见
avoir	v.t.	有, 具有
avoir bien mangé		吃饱了
avoir confiance en soi		有自信的
avoir de la peine		痛苦的
avoir faim		饿了
avoir soif		渴了
avril	n.m.	四月

B

baigner	v.t.	浸, 泡, 给……洗澡
balai	n.m.	扫把
balance	n.f.	体重秤
balayer	v.t.	扫地
basket	n.m.	<英>篮球; 篮球运动
bâtiment	n.m.	建筑物
bavard	adj.	话多的, 健谈的, 多嘴的
bavarder	v.i.	聊天
beau(bel,le)	adj.	美丽的, 漂亮的
beaucoup	adv.	非常, 很, 很多
Beauregard		博勒加尔
belge	adj.	比利时的
Belgique	n.f.	比利时
Berlin		柏林[德]
besoin	n.m.	需要, 需求
bibliothèque	n.f.	图书馆
bien	adv.	好
bien sûr		当然

Vocabulaire

bien-être	n.m.	舒适, 安逸, 福利
bientôt	adv.	不久, 马上, 一会儿
bière	n.f.	啤酒
boire	v.t.	喝
bon	adj.	好的
bonjour	n.m.	您(你)好, 早安, 日安
bord	n.m.	边; 船舷; 岸, 边缘
boucher	v.t.	堵塞, 塞住
bougie	n.f.	蜡烛
bout	n.m.	尽头, 终点
briller	v.t.	发光, 闪耀
briquet	n.m.	打火机
brosse à dents	n.f.	牙刷
brosse à dents électrique	n.f.	电动牙刷
Bruges		布鲁日[比]
bus	n.m.	公交车

C

ça	pron.	这个, 那个
cachet	n.m.	胶囊药剂
calculatrice	n.f.	计算器
camping	n.m.	野营, 露营
cantine	n.f.	食堂
carte	n.f.	卡片, 名片, 地图; 证件
ce	pron.	这, 那; 这个, 那个
ce(cet),cette,ces	adj.	这, 这个; 这些
cela	pron.dem.	这件事, 那
cendrier	n.m.	烟灰缸
cent	n.m.	百
cent-un	n.m.	一百零一
cent-unième	a.num.ord/n.	第一百零一
centième	a.num.ord/n.	第一百
chaleur	n.f.	高温, 炎热
chance	n.f.	运气, 机遇, 可能性
chanter		唱歌
chargeur	n.m.	充电器
chasser		打猎
chaud	adj.	热的, 热心的
chemin	n.m.	道路, 小路; 路线, 路程
chinois,e	n.	中国人
chocolat	n.m.	巧克力
chouette	interj.	好哇, 真棒
ciné	n.m.	电影院(口语)
cinq	n.m.	五
cinquante	n.m.	五十
cinquantième	a.num.ord/n.	第五十
cinquième	a.num.ord/n.	第五
coca	n.m.	可乐
collège	n.m.	初中
combien	adv.	多少; 多么
comme	conj.	作为, 如同, 由于
commencer	v.i./v.t.	开始, 开端
comment	adv.	如何, 怎么样
compatissant	adj.	有同情心的
concert	n.m.	音乐会
conciliant	adj.	随和的
confirmer	v.t.	证实, 确认; 认可, 批准
connaissance	n.f.	认识, 认知
connaître	v.t.	了解; 认得; 懂得, 熟悉
conseiller	v.t.	劝告, 建议
consultation	n.f.	咨询, 会诊
contact	n.m.	联系, 接触, 来往
content,e	adj.	高兴的, 满意的
contre	prép.	对着, 反对, 反抗
coton tige	n.m.	棉花棒
couler	v.i.	流, 流动; 漏水
coupe-ongles	n.m.	指甲剪
courageux;se	adj.	勇敢的, 有干劲的
courbature	n.f.	疲劳, 酸痛
courir	v.i.	跑, 赛跑
course	n.f.	跑步; 比赛
coûter	v.i.	值(多少钱), 花费, 费劲
crevé	adj.	爆裂的, <口>筋疲力尽的
croire	v.t.	相信; 信任
croisé	adj.	交叉的, 相交的
croissant	n.m.	羊角面包
cuillerée	n.f.	一匙的容量; 一勺的容量
cyclisme	n.m.	自行车运动

D

d'abord	conj.	首先
dans	prép.	在……里, 在……内
danser		跳舞

163

décembre	n.m.	十二月	
degré	n.m.	等级, 度	
déjà	adv.	已经	
demain	n.m./adv.	明天	
déménager	v.i./v.t.	搬家, 迁居; 搬运	
dentifrice	n.m.	牙膏	
dentiste	n.	牙科医生	
dépêcher	v.t.	急遣, 赶紧	
depuis	prép.	自……以来 从……以后	
derrière	prép.	在……的后面	
descendre	v.i.	下来, 下去; 降落, 落下	
désoler	v.t.	使感到抱歉	
dessert	n.m.	甜点	
dessiner		画画	
détendu	adj.	轻松的	
deux	n.m.	二	
deuxième (second,e)	a.num.ord/n.	第二	
devant	prép.	在……前面	
devoir	v.t.	该, 应该	
devoir	n.m.	作业, 习题, 责任, 义务	
difficile	adj.	难以相处的	
Dijon		第戎[法]	
dimanche	n.m.	星期天	
dîner	n.m./v.i.	晚餐; 吃晚餐	
dire	v.t.	说, 讲	
direction	n.f.	方向	
disponible	adj.	有空的, 可自由处理的	
dix	a. num.	十	
dix-huit	n.m.	十八	
dix-huitième	a.num.ord/n.	第十八	
dixième	a.num.ord/n.	第十	
dix-neuf	n.m.	十九	
dix-neuvième	a.num.ord/n.	第十九	
dix-sept	n.m.	十七	
dix-septième	a.num.ord/n.	第十七	
docteur	n.m.	医生; 博士	
donc	conj.	因此, 所以	
doux	adj.	温和的	
douze	n.m.	十二	
douzième	a.num.ord/n.	第十二	
dur,e	adj.	困难的; 坚硬的	
durer	v.i.	持续	

E

eau	n.f.	水果	
échecs	n.pl.	象棋	
école	n.f.	学校	
économie	n.f.	经济	
écouter de la musique		听音乐	
également	adv.	一样地, 也, 还	
embarrassé	adj.	尴尬的	
en colère		生气的	
en général	loc.adv.	总的来说	
enchanté,e	adj.	非常高兴的	
enfant	n.	儿童, 小孩	
enrhumé,e	adj.	感冒的, 伤风的	
ensemble	adv.	共同, 一起, 一块儿	
ensoleillé	adj.	阳光灿烂的	
ensuite	adv.	然后, 以后	
enthousiaste	adj.	热心的	
entier,ère	adj.	整个的, 全部的	
entreprise	n.f.	企业	
entrer	v.i.	进入, 加入	
envie	n.f.	渴望, 羡慕	
envoyer	v.t.	寄, 送; 派遣	
éponge	n.f.	海绵抹布(如洗碗用的)	
équilibré	adj.	均衡的, 平衡的	
équipe	n.f.	队, 班, 组	
Espagne	n.f.	西班牙[欧洲]	
espérer	v.t.	希望, 期望	
et	conj.	和	
étagère	n.f.	置物架	
état	n.m.	状态, 情形	
été	n.m.	夏天	
éternuer	v.i.	打喷嚏	
être	v.i.	是	
être désolé		感到遗憾, 感到抱歉	
étude	n.f.	学习; 研究	
étudiant,e	n.	大学生	
étudier	v.t.	学习; 研究	
euro	n.m.	欧元	
éviter	v.t.	避开, 避免	

Vocabulaire

exactement	adv.	准确地, 确切地, 精确地
examen	n.m.	考试, 研究, 审查
excité	adj.	兴奋的
excuse	n.f.	借口
excuser	v.t.	原谅, 宽恕
exemple	n.m.	例子

F

facile	adj.	容易的, 简单的
faim	n.f.	饿
faire	v.t.	做, 干, 作
faire de la calligraphie		写书法
faire de la natation		游泳
faire de la photographie		摄影
faire de la randonnée		徒步旅行
faire dodo		睡觉(儿语)
faire du camping		露营
faire du jardinage		园艺
faire du shopping		逛街
faire du ski		滑雪
faire la cuisine		做饭
faire la lessive		洗衣服
faire la vaisselle		洗碗
faire le ménage		做家务
faire le repassage		熨衣服
faire sécher le linge		晾衣服
fait	n.m.	事实, 实际
falloir	v. impers.	必须, 应该
famille	n.f.	家庭
Fanta	n.m.	芬达
fantastique	adj.	神奇的
fatigué	adj.	疲劳的
fermé	adj.	关的
fermer	v.t.	关上
février	n.m.	二月
fiction	n.f.	假想, 虚构
fièvre	n.f.	发烧
film	n.m.	电影
fleur	n.f.	花, 花朵
fois	n.f.	次, 回; 倍
foot	n.m.	足球
force	n.f.	力气, 力量, 权利

forêt	n.f.	森林, 树林
forme	n.f.	形态, 形式
fort	adj.	坚强的, 强烈的
frais	adj.	凉爽的
français	n.m.	法语
français	adj.	法国的, 法国人的, 法语的
Français,e	n.	法国人
France	n.f.	法国
frère	n.m.	兄弟
froid	adj./n.m.	冷, 寒冷
fromage	n.m.	奶酪
fruit	n.m.	水果
fumer une cigarette		吸烟

G

gâteau	n.m.	蛋糕
gel douche	n.m.	沐浴露
geler	v.t.	使结冰, 使感到寒冷, 冻结
génial	adj.	<口>绝妙的
gentil	adj.	客气的, 友好的
gestion	n.f.	管理
gorge	n.f.	喉咙, 嗓子
goutte	n.f.	滴; 滴剂
grand-parent	n.m.	祖父母
grand-père	n.m.	祖父
gras	adj.	肥的, 油腻的
grippe	n.f.	流感
gris	adj.	灰色的
grossesse	n.f.	怀孕, 妊娠

H

habiter	v.i./v.t.	居住; 居住在
habitude	n.f.	习惯, 习俗, 惯例
hâte	n.f.	急忙, 匆忙, 赶快, 赶紧
heure	n.f.	时间, 小时
heure	n.f.	小时, 时间, 一小时
hier	n.m./adv.	昨天
hiver	n.m.	冬天
horaire	n.m.	时间表, 时刻表
hôtel	n.m.	旅馆, 旅店

huit	n.m.	八
huitième	a.num.ord/n.	第八
humide	adj.	潮湿的

I

idée	n.f.	观念；想法，主意
impotence	n.f.	肢体不灵便的人
indispensable	adj.	必不可少的，必需的
informaticien,ne	n.	计算机编程员
inquiet	adj.	担心的
intellectuel	adj.	智力的, 理智的
international,e	adj.	国际的
internet	n.m.	互联网，因特网
inviter	v.t.	邀请
italien	n.m.	意大利语

J

janvier	n.m.	一月
jardin	n.m.	花园, 园
je vous en prie		不用谢(礼貌用语)
jeudi	n.m.	星期四
joli,e	adj.	漂亮的, 好看的
jouer	v.i.	游戏, 玩耍
jouer aux jeux de société		玩桌游
jouer au mah-jong		打麻将
jouer au tennis		打网球
jouer aux cartes		打牌
jouer aux échecs		下国际象棋
jouer aux échecs chinois		下中国象棋
jouer aux jeux vidéo		玩电游
journée	n.f.	白天, 白昼；日子，天
juillet	n.m.	七月
juin	n.m.	六月
jus	n. m.	汁, 汤汁
jusqu'à	prép.	直到, 直至

L

la Balance		天秤座
la Chèvre		羊
la Seine		塞纳河
la vie quotidienne		日常生活
la Vierge		处女座
là-bas	adv.	那儿, 在那边
laisser	v.t.	留, 离开, 交付, 让, 任
lait	n.m.	奶
lampe	n.f.	灯
langue	n.f.	语言；舌头
lapin	n.m.	兔子
lavabo	n.m.	洗漱池
laver le linge		洗衣服
laver les mains		洗手
le Bélier		白羊座
le Bœuf		牛
le Cancer		巨蟹座
le Capricorne		摩羯座
le Cheval		马
le Chien		狗
le Cochon		猪
le Coq		鸡
le Dragon		龙
les Gémeaux		双子座
le Lapin		兔
le Lion		狮子座
le Rat		鼠
le Sagittaire		射手座
le Scorpion		天蝎座
le Serpent		蛇
le Singe		猴
le Taureau		金牛座
le Tigre		虎
le Verseau		水瓶座
légume	n.m.	蔬菜
lent	adj.	迟钝的
les Poissons		双鱼座
lessive	n.f.	洗衣粉
liberté	n.f.	自由
loin	adv.	远地,遥远地
lors de	loc.prép.	在……期间, 在……时
lumineux,se	adj.	发光的, 明亮的
lunatique	adj.	善变的
lundi	n.m.	星期一
lycée	n.m.	公立高中

Vocabulaire

M

magasin	n.m.	商店
mai	n.m.	五月
main	n.f.	手
maintenant	adv.	现在, 目前
mais	adv./conj.	但是, 可是, 然而
maison	n.f.	房屋, 住宅; 家
mal	n.m.	疼痛, 不适
mal	adj.	坏的, 不好的
mal	adv.	坏地, 不充足
malade	adj.	生病的
maladroit	adj.	笨手笨脚的
malheureusement	adv.	不幸地, 不巧, 可惜
manger	v.t.	吃
maniaque	adj./n.	偏执的, 狂躁的
marcher	v.i.	走路, 步行; 前进
mardi	n.m.	星期二
mari	n.m.	丈夫
mars	n.m.	三月
match	n.m.	赛, 比赛
matin	n.m.	早晨, 上午
mauvais	adj.	不好的
médecin	n.m.	医生
médicament	n.m.	药剂, 药片, 药丸
mer	n.f.	大海, 海边
merci	interj.	谢谢
mercredi	n.m.	星期三
mettre	v.t.	放置, 搁; 安装
midi	n.m.	中午, 正午
mieux	adj./adv.	更好的, 更好地
Milan		米兰[意]
mille	n.m.	千
millième	a.num.ord/n.	第一千
mince	interj.	哎呀, 哎哟, 哇(口语)
minute	n.f.	分, 分钟
miroir	n.m.	镜子
mois	n.m.	月份
moment	n.m.	时候, 时刻, 时机
monde	n.m.	世界, 领域
mot	n.m.	词, 字
moucher	v.t.	擤鼻涕
mouchoir	n.m.	面巾纸

N

neiger	v.i.	下雪
neuf	adj.	新的
neuf	n.m.	九
neuvième	a.num.ord/n.	第九
nord	n.m.	北边
normal,e	adj.	正常的
nouveau (nouvel,lle)	n.	新学生; 新来的人
nouvelle	n.f.	消息, (报纸、电台的)新闻
novembre	n.m.	十一月
nuage	n.m.	云
nuageux	adj.	多云的

O

obligé	adj.	负有义务的, 必须……的
octobre	n.m.	十月
onze	n.m.	十一
onzième	a.num.ord/n.	第十一
orange	n.f.	柑, 橘, 橙
ordinateur	n.m.	电脑
ordonnance	n.f.	药方, 处方
organiser	v.t.	组织; 安排, 筹划
oui	adv.	是, 是的
ouvert	adj.	开的
ouvrir	v.t.	打开

P

pain	n.m.	面包
paisible	adj.	温和的, 安详的
papier toilette	n.m.	卫生纸
paquet	n.m.	包, 盒; 一包之量, 一盒之量
par	prép.	用, 以, 按照
parc	n.m.	公园, 停车场
Paris	n.	巴黎
parler	v.i./v.t.	说话, 说, 讲
partager	v.t.	分, 分享, 瓜分
passer	v.i./v.t.	通过, 经过; 度过
passer l'aspirateur		吸尘

pastille	n.f.	糖锭, 糖片; 锭剂, 片剂
patient,e	n.	病人
pauvre	adj.	穷的, 可怜的
pêcher	v.t.	钓鱼
peigne	n.m.	梳子
peignoir	n.m.	浴袍
pelle	n.f.	撮箕
Pendaison de crémaillère		乔迁派对
penser	v.i./v.t.	想, 思考; 想到, 考虑
personne	n.f.	人, 个人
petit,e	adj.	年幼的, 小的, 矮小的
peu	n.m/adv.	少许, 一点儿; 少, 不多
pharmacie	n.f.	药店
pile	n.f.	电池
piscine	n.f.	游泳池
plaire	v.t.indir.	使高兴, 使喜欢
plaisir	n.m.	愉快, 乐趣
pleurer	v.i.	哭
pleuvoir	v.i.	下雨
pluie	n.f.	下雨, 雨
plus	adv.	更, 更多
poisson	n.m.	鱼
pop-corn	n.m.	爆米花
porte-manteau	n.m.	衣帽架
porter	v.t.	戴
poser	v.t.	放, 搁; 提出
postal,e	adj.	邮政的
poubelle	n.f.	垃圾桶
pour	prép.	因为, 为了, 对……来说
pourquoi	adv./conj.	为什么, 为何
pouvoir	v. aux.	能, 能够, 会
pratiquer	v.t.	实施, 实践
pourquoi	adv./conj.	为什么, 为何
préféré,e	adj.	最为人所喜爱的
préférer	v.t.	宁愿, 更喜欢
premier (première)	a.num.ord/n.	第一
prendre	v.t.	拿, 取, 抓, 吃, 喝
prendre un bain		泡澡
prendre une douche		淋浴
prendre un bain		泡澡
prier	v.i./v.t.	祈祷; 恳求, 请求
printemps	n.m.	春天

pris	adj.	被占用的, 忙碌的
prise	n.f.	插座
prise électrique	n.f.	插头
prochain	adj.	下一个的, 临近的
proche	adj.	邻近的, 靠近的, 即将来临的
professeur	n.	教师; 教授
professionnel	adj.	职业的, 专业的
profiter	v.t.indir.	利用, 得益; 有益于, 有利于
prolongé	adj.	延长的, 持久的
promener	v.t.	领着……散步, 溜达, 闲逛
puis	adv.	然后, 随后
pull	n.m.	套领毛衣
pyjama	n.m.	睡衣

Q

quand	conj.	当……时
quarante	n.m.	四十
quarante-et-un	n.m.	四十一
quarante-et-unième	a.num.ord/n.	第四十一
quarante-deux	n.m.	四十二
quarante-deuxième	a.num.ord/n.	第四十二
quarantième	a.num.ord/n.	第四十
quatorze	n.m.	十四
quatorzième	a.num.ord/n.	第十四
quatre	n.m.	四
quatre-vingt-deux	n.m.	八十二
quatre-vingt-deuxième	a.num.ord/n.	第八十二
quatre-vingt-dix	n.m.	九十
quatre-vingt-dixième	a.num.ord/n.	第九十
quatre-vingt-douze	n.m.	九十二
quatre-vingt-douzième	a.num.ord/n.	第九十二
quatre-vingtième	a.num.ord/n.	第八十
quatre-vingt-onze	n.m.	九十一
quatre-vingt-onzième	a.num.ord/n.	第九十一
quatre-vingts	n.m.	八十
quatre-vingt-un	n.m.	八十一
quatre-vingt-unième	a.num.ord/n.	第八十一
quatrième	a.num.ord/n.	第四
que	conj.	引出从句

Vocabulaire

quelques	adj. pl.	某个, 少许
question	n.f.	问题
qui	pron.	谁
quinze	n.m.	十五
quinzième	a.num.ord./n.	第十五
quotidien	n.m.	日常生活
quotidien	adj.	每天的, 日常的

R

raison	n.f.	理智, 理性; 道理; 理由
raisonnable	adj.	合理的
rasoir	n.m.	剃须刀
rasoir électrique	n.m.	电动剃须刀
recevoir	v.t.	接到, 收到
regarder la télé		看电视
regarder le journal		看报纸
région	n.f.	地区, 地带, 区
rendez-vous	n.m.	约会
rendre	v.t.	归还, 交回
rentrer	v.i.	回家, 回来, 进入
repasser le linge		熨衣服
repos	n.m.	休息
résidence	n.f.	寓所, 住宅
restaurant	n.m.	餐馆
rester	v.i.	停留; 保持; 逗留, 留下来
retard	n.m.	迟到
retour	n.m.	回程
réviser	v.t.	复核, 复习, 修正, 检修
revoir	v.t.	重新看到, 再次见到
rhume	n.m.	感冒, 伤风
rideau	n.m.	窗帘
rire	v.i.	笑
robe	n.f.	长裙
robinet	n.m.	水龙头
rouge	adj.	红的
rugby	n.m.	<英>橄榄球(运动)

S

s'il vous plaît		请(礼貌用语)
salade	n.f.	沙拉
salle à manger	n.f.	饭厅
salut	n.m.	你好, 再见(俗)
samedi	n.m.	星期六
s'amuser	v.pr.	玩耍
santé	n.f.	健康
s'appeler	v.pr.	名叫, 称为
savoir	v.t.	知道, 晓得, 记住
savon	n.m.	肥皂
science	n.f.	科学
se baigner	v.pr.	洗澡, 沐浴, 游泳
se brosser les dents		刷牙
se composer	v.pr.	包括, 由……组成
se démaquiller	v.pr.	卸妆
se déshabiller	v.pr.	脱衣服
se laver le visage		洗脸
se promener	v.pr.	散步, 闲逛
se reposer	v.pr.	休息
se trouver	v.pr.	存在, 处于
sec	adj.	干的
sèche-cheveux	n.m.	吹风机
secondaire	adj.	第二的, 次要的
seize	n.m.	十六
seizième	a.num.ord.	第十六
sentir	v.t.	感觉, 觉得; 闻到
sept	n.m.	七
septembre	n.m.	九月
septième	a.num.ord./n.	第七
serviette	n.f.	毛巾
seulement	adv.	只, 仅仅, 刚刚
shampoing	n.m.	洗发水
si	conj.	如果, 假如
sieste	n.f.	午睡, 午休
simple	adj.	单一的; 简单的
sincère	adj.	真诚的
sirop	n.m.	糖浆, 糖汁
six	n.m.	六
sixième	a.num.ord./n.	第六
s'occuper	v.pr.	照管, 负责
social, aux	adj.	社会的
soif	n.f.	渴
soir	n.m.	傍晚, 晚上
soirée	n.f.	晚上, 晚会
soixante	n.m.	六十

soixante-et-onze	n.m.	七十一		travailler	v.i.	工作, 学习, 练习
soixante-et-onzième	a.num.ord/n.	第七十一		treize	n.m.	十三
soixante-dix	n.m.	七十		treizième	a.num.ord/n.	第十三
soixante-dixième	a.num.ord/n.	第七十		trente	n.m.	三十
soixante-douze	n.m.	七十二		trente-et-un	n.m.	三十一
soixante-douzième	a.num.ord/n.	第七十二		trente-et-unième	a.num.ord/n.	第三十一
soixantième	a.num.ord/n.	第六十		trente-deux	n.m.	三十二
soleil	n.m.	太阳, 阳光, 晴天		trente-deuxième	a.num.ord/n.	第三十二
sombre	adj.	阴暗的, 阴沉的		trentième	a.num.ord/n.	第三十
sommeil	n.m.	睡眠; 睡意, 困倦		très	adv.	很, 非常, 极
sortir	v.i.	出去		triste	adj.	伤心的
sourire	v.i./n.m.	微笑		trois	n.m.	三
souvent	adv.	经常, 常常		troisième	a.num.ord/n.	第三
spacieux,se	adj.	宽敞的		trouver	v.t.	找到; 发现
spécial	adj.	特殊的, 特别的				
sport	n.m.	运动		**U**		
suivre	v.t.	跟随, 遵循, 理解, 领会		un	n.m.	一
super	adj.	很好, 很棒		utiliser	v.t.	利用, 使用
sur	prép.	[表示位置]在……上面				
sûr	adv.	肯定, 一定		**V**		
surfer sur Internet		上网		vacances	n. f. pl.	假期, 休假
surpris	adj.	惊讶的		valise	n.f.	手提箱, 行李
				valoir	v.i.	价值
T				vendredi	n.m.	星期五
table	n.f.	桌子		venir	v.i.	来, 来到
télé	n.f.	电视		vent	n.m.	风
téléphone portable	n.m.	手机		verglas	n.m.	(地面上的)薄冰, 雾凇
température	n.f.	温度		verre	n.m.	杯子
tempête	n.f.	暴风雨		vêtement	n.m.	衣服
temps	n.m.	时间, 天气		viande	n.f.	肉
tension	n.f.	血压		vider la poubelle		倒垃圾桶
têtu	adj.	顽固的		vif	adj.	机灵的
tiens	interj.	喂, 瞧, 噢!		village	n.m.	乡村, 村庄
timide	adj.	害羞的		vin	n.m.	酒
toi	pron.	你		vingt	n.m.	二十
torchon	n.m.	抹布		vingt-et-un	n.m.	二十一
toujours	adv.	总是		vingt-et-unième	a.num.ord/n.	第二十一
tousser	v.i.	咳嗽		vingt-deux	n.m.	二十二
tout	adj.	所有的, 全部的		vingt-deuxième	a.num.ord/n.	第二十二
toux	n.f.	咳嗽		vingtième	a.num.ord/n.	第二十
traditionel	adj.	传统的		violent	adj.	剧烈的, 暴力的
train	n.m.	列车, 火车		visiter	v.t.	访问, 参观

Vocabulaire

voici	prép.	这是, 这就是	voyager	v.i.	旅行, 游历
voir	v.t.	看见, 看到	vu	prép.	鉴于, 由于, 考虑到
voiture	n.f.	汽车			
vouloir	v.t.	想要, 需要			
voyage	n.m.	旅行, 旅程	yoga	n.m.	瑜伽

Y

Traduction pour vous aider
课文译文

第一课 你好

蕾亚:你好,文森。

文森:你好,蕾亚。

蕾亚:你过得好吗?

文森:我挺好的,谢谢。你呢?你还好吗?

蕾亚:挺好的,谢谢。

迪米特里:你好,伊内丝。

伊内丝:你好,迪米特里。

迪米特里:你最近咋样?

伊内丝:挺好的,谢谢。

迪米特里:呀!那是谁?

伊内丝:那是热罗姆,我的弟弟,他十岁了。

尼古拉:您好,我是尼古拉,我是中国人。我是巴黎一大的学生,很高兴认识你!

爱丽丝:您好,尼古拉,我是爱丽丝,很高兴认识你!

第二课 欢迎

马克:你好,我叫马克。

伊丽莎白:你好,我是伊丽莎白。

马克:你是新来的?

伊丽莎白:对,我周一进入学校的。

马克:那么?感觉怎么样?

伊丽莎白:我很喜欢(这),老师们很和善,还有很多课外活动。

马克:你住在寄宿家庭吗?

Traduction pour vous aider

伊丽莎白:是的,我的寄宿家庭很友好,他们的房子离学校不远。很抱歉,我的课5分钟后就要开始了,我得去上课啦。

马克:好的,回头见。

伊丽莎白:回头见。

安妮:你好,我是安妮,我在索邦大学上学。

托马:你好,托马,很高兴认识你。

安妮:很高兴认识你。你要带着行李去哪儿?

托马:我要去大学城,我在搬家呢。

安妮:啊!我也住在那边,我们能一起走吗?

托马:当然。

第三课 我喜欢法语

在学校,有很多种语言,我说英语,也会说一点点意大利语。现在,我在学习法语。为什么我会喜欢法语?

首先,法语是一门优美的语言,并且在全球范围内被广泛使用。

其次,法语在美食、时尚、戏剧、舞蹈、建筑方面是一门国际性语言。最后,学习法语是一件很愉快的事情。人们总是称它为爱的语言。

瞧!我刚刚学会如何提问。

你叫什么名字?

你会说几种语言?

你喜欢去看电影吗?

我将和一个朋友游览法国,他叫托马。我们要去法国,看埃菲尔铁塔和卢浮宫博物馆。

你也要去巴黎吗?你也喜欢法语吗?这是一门美丽的语言,不是吗?

你呢?你为什么学习法语?

对话:去图书馆

马尔科:您好,小姐。

克丽斯塔:您好。

马尔科:请问您能告诉我怎样去图书馆吗?

克丽斯塔:好,当然可以。那边那栋红色的建筑后面,就是图书馆,它在一个食堂的边上。

马尔科:非常感谢。

克丽斯塔:不用谢。

马尔科:你是法国人吗?

克丽斯塔:不,我是比利时人,但是我在法国读书。你呢? 你是法国人吗?

马尔科:不,我是意大利人。我叫马尔科·阿达莫。

克丽斯塔:很高兴认识你!我喜欢意大利!我呢,我叫克丽斯塔!

马尔科:很高兴认识你。

克丽斯塔:你来自哪儿?

马尔科:我来自意大利,米兰,你呢?

克丽斯塔:好棒,我很喜欢米兰。我来自布鲁日,在比利时的北部。但在我上学期间,我住在法国第戎。

马尔科:你今天晚上要干什么?

克丽斯塔:没什么特别的。

马尔科:我请你来参加一个明晚的意大利派对,如果你有空的话。

克丽斯塔:谢谢,这将是我的荣幸。那么明天晚上见!

马尔科:明天见!

第四课　相遇

娜塔莉:您好,玛莉察乐夫人。我是娜塔莉·菲舍尔,克里斯蒂娜的朋友。

玛莉察乐夫人:啊,很高兴认识您,娜塔莉。克里斯蒂娜经常和我提起你,我是白纳特·玛莉察乐。

娜塔莉:很高兴认识您,夫人。

玛莉察乐夫人:那么,快请进来,娜塔莉。你想要喝点什么? 一杯橙汁吗?

娜塔莉:不用了,谢谢。您真好,但我不渴。

玛莉察乐夫人:要不要来杯咖啡?

娜塔莉:嗯……为什么不呢? 谢谢。

尼古拉斯:你好,康坦。最近怎么样?

康坦:还不错。你呢?

尼古拉斯:我? 我累死了,我精神状态不是很好。

康坦:根据你的状态,最好是多做运动。

尼古拉斯:你很清楚我没有时间。

康坦:你总是有一个好借口。老坐在电脑前,你的四肢最终会僵化的。

Traduction pour vous aider

尼古拉斯：对,你说得有理。为了每天保持良好的状态,做运动是非常重要的。但是我不喜欢跑步。跑步不容易呢。我更喜欢去上瑜伽课。好啦,我得去上班了,我先走了。祝你度过美好的一天,回见。

康坦：再见,下次见。

阅读：乔迁派对

主题：乔迁派对

大家好！

我们刚刚搬家了。我们对我们的新公寓很满意,比以前的家更亮更宽敞！你们可以来参观一下。我们将在七月五日组织一个乔迁派对,我们希望你们全都能来。

来我们家很简单：坐4号公交车往旧山方向走,到波河咖公交站下车。然后,你们走右边的一条小路,一直走到尽头。我们的房子就在路的尽头,那条小路的左侧。

请以邮件方式确认您的来访。你们可以晚上七点钟到。

希望很快见到你们！

苏菲和保罗

第五课　新工作

亚历山大：呀,马利翁！你好呀,最近好吗？

马利翁：挺好的。谢谢。你呢？

亚历山大：我也挺好的,谢谢！那么最近有没有什么新鲜事呢？

马利翁：其实,现在我作为计算机工程师在一个跨国公司工作。

亚历山大：真的吗？哇！真是一个好消息！你对你的工作满意吗？

马利翁：满意,我很喜欢我的工作。这是一个有趣的工作。

亚历山大：公司要求说英语吗？

马利翁：恩,当然了。英语是必不可少的。你知道我从高中开始就一直在网上练习英语吗？

亚历山大：真的吗？好棒呀！你新工作的工作时间是怎样的？

马利翁：我从九点工作到十七点,和大家一样啦。

亚历山大：这个工作时间挺合理的。我为你感到高兴。

马利翁：谢谢。你真好。那么现在你还打篮球吗？

亚历山大：恩,我还打篮球,而且我还在坚持慢跑。我们去喝一杯继续聊吗？

马利翁：乐意奉陪。

阅读:你和我们一起去吗?

法比安: 奥赫莉,你好!最近咋样?

奥赫莉: 恩,挺好的。你呢?

法比安: 非常好!我们要和孩子们一起去度假啦!

奥赫莉: 真好!你们去多久?

法比安: 我们去2周。

奥赫莉: 好棒!你们要去哪呢?

法比安: 我们去西班牙。

奥赫莉: 你们怎么去呢?坐车(自驾),坐火车还是乘飞机?

法比安: 我们坐车去,这样更舒适一些。我们参观的时候更自由。

奥赫莉: 是呀,你说的有道理。那你们具体去哪呢?

法比安: 我们去阿利坎特边上的一个小镇。一个很迷人的地方。

奥赫莉: 你们准备住宾馆吗?

法比安: 不,我们准备租一栋带花园和游泳池的公寓。孩子们迫不及待地想去看海了。

奥赫莉: 你们太幸运了。你们什么时候出发?

法比安: 我们这周六早上出发,你和我们一起去吗?

奥赫莉: 我很想去呀。但是我要工作..

第六课 学习

妈妈: 马克,是时候回家了。你得做作业了。

马克: 等一小会儿……我正在看足球赛呢。

妈妈: 不行,已经下午五点了。快点儿。

马克: 妈妈,我饿了,做作业之前我想吃点儿东西。

妈妈: 桌子上有个苹果。你看见了吗?

马修: 天哪,我好累啊。我有太多作业了。我需要睡觉和休息。

艾莉丝: 你怎么了?你还有课?

马修: 不,我已经没有课了,但是近期我有很多考试。我正在复习。你呢?你还有考试?

马修: 是的,我们周四还有一门考试,然后就结束了!我就放假了,我打算去布列塔尼一周。那边现在天气很好。

马修: 你很幸运,我还要学习两周。而且,巴黎和往常一样老下雨。这真让人沮丧(我都快抑郁啦)。

Traduction pour vous aider

艾莉丝:我可怜的马修……鼓起勇气,坚强点!等会儿,我有个主意:你明天有时间和我一起吃晚餐吗?

马修:不,很不幸,我明天有事。但是我星期天晚上有空。

艾莉丝:那就是星期天晚上了。

马修:请问现在几点了?

艾莉丝:现在十五点一刻,怎么了?

马修:已经十五点一刻了?好吧,我得复习了。而且,我还有一些作业要做。

艾莉丝:我不打扰你复习了。你可以做到的。

马修:谢谢。那周日见。

艾莉丝:嗯。周日见。

对话1:几点了?

女士:打扰一下,先生。请问你知道现在几点了吗?

先生:当然,夫人。现在10点差5分(9点55分)

女士:天哪!已经10点差5分(9点55分)了?

先生:是的,夫人。

女士:哎呀!我迟到了。10点我约了牙医。

先生:很遗憾,您需要快点了。

女士:您说得对。谢谢,先生。

先生:没关系。

女士:祝您有个愉快的一天。

先生:谢谢,您也是。

对话2:假期如何度过的?

朱丽叶:你好,妈妈。

妈妈:你好,朱利埃特。你怎么样?

朱丽叶:我很好,谢谢。你呢?

妈妈:很好。你在西班牙的旅行一切都顺利吗?

朱丽叶:嗯,天气很好。我们到这后都没有下过雨。

妈妈:我们这,现在是多云的天气。孩子们怎么样?

朱丽叶:他们在这很开心。他们觉得热,所以就去享受露营地的泳池或去海里泡澡。

妈妈:我为你们感到开心。

朱丽叶：法国一切都好吧？

妈妈：嗯，我们很好。你的父亲在花园里，他在浇花。你的姐姐昨天刚来看了我们。她在孕期过得很好，她一直在同一家餐馆工作。

朱丽叶：这是好消息。你收到我们的明信片了吗？

妈妈：是的，我昨天已经收到了。它很漂亮。

朱丽叶：你们明天要去做什么？

妈妈：我们要去海边散步和去拜访我们朋友。然后晚上在回家之前我们一起去餐馆吃晚餐。

朱丽叶：好主意。希望你们度过愉快的一天。

妈妈：假期愉快。再见。

朱丽叶：再见，妈妈。

第七课　我的一家子

　　我叫玛丽，我家有四口人。我丈夫和我有两个孩子，一个十五岁的女儿和一个十三岁的儿子。我们还养了一些宠物：一只猫、一只狗、两只兔子和几条金鱼。我们住在有漂亮花园的房子里。我们的街区非常的安静并且平和。当孩子们从学校回来后，我负责照顾他们。我的丈夫在一所离家里20千米的职业高中担任经济管理老师。

　　每周日，我们喜欢去离我们家很近的树林散步。天气好的时候我们在花园里玩，下雨天我们就在家里玩。

　　我的孩子们喜欢在假期与祖父母共度时光。早上，他们在餐厅一起吃早饭。孩子们常喝一些咖啡牛奶，吃一些羊角面包或者巧克力面包。祖父母们更喜欢喝茶。周六下午我女儿有时候会和奶奶一起做蛋糕。晚上，我们吃一些沙拉、蔬菜、肉、奶酪、水果或者甜点。我们会喝一些红酒，而孩子们喝水，但从不喝可乐。总的来说，我们会均衡饮食，避免太油腻的食物。我们花很多时间在餐桌上。分享家庭里美好的时刻是很大的乐趣。

阅读：为了保持精神你会做什么

　　为了保持好的精神状态我会做很多事，周末，我会去兰卡斯特公园骑自行车或者踢足球。运动对于交朋友和健康都是很重要的。

　　在初中校园里，我们会做多种运动。这里是一个传统的初中，我们必须打橄榄球。我喜欢这个运动，因为这是一个体育运动、一项团队运动，而我喜欢在户外玩耍。我是第一队的，冬天，我们每个星期天都会有和其他初中球队的比赛。这真让人振奋。

　　同样地，我觉得为了保持好的精神状态，做脑力练习也是非常重要的。然后，我会做一些填字游戏，我也玩象棋和纸牌，有时，我也会看书。

Traduction pour vous aider

第八课 周末

这是他们的周末,那你们的周末呢?你们的周末过得好吗?

维尔吉妮和她丈夫在阿卡雄的宾馆度过一个长周末。他们经常散步。维尔吉妮喜欢在海边度假。她在海里沐浴,休息,自娱自乐。她的丈夫,不是很喜欢海。他觉得海边很热。所以他(感觉)无聊。他没去海里游泳,只是睡觉。

艾蒂安和蕾亚去了柏林两天。他们周六早上到的,然后整天都在参观这个城市。晚上,他们去看了一场音乐会。他们度过了一个美好的夜晚。周日早上他们乘飞机返回。

克莱拉去逛了商店,买了一些衣服:一件美丽温暖的毛衣和一条漂亮的裙子,这条裙子只花了20欧元。晚上,她在塞纳河边的小餐馆跟她的哥哥一起吃饭。他们点了一份披萨。克莱拉喝了一杯啤酒,她的哥哥喝了一杯葡萄酒。

这周末呢,玛丽昂也做了很多事情。星期六早上她和朋友去了公园。在公园里,他们骑了自行车,还在一家咖啡馆买了一个冰淇淋。在这之后,他们去了市区的电影院看了一场电影。他们看了一部名叫《黑客帝国》的科幻剧。她吃了些爆米花还喝了些芬达饮料。

周日,玛丽和她的家人去了格朗日(法国上索恩省的一个市镇)。他们是开车去旅行的。整段路程用了50分钟。他们每周日都会去那儿,因为他们的祖父母住在那儿。一整天都在下雨。她待在家里看电视,还有和外公玩纸牌。临近中午时,他们小憩了一会。晚上回家之后,她在房间写作业并玩了一会电脑。

对话1:在药店

药剂师:您好,先生。

顾客:您好,我想为了妻子买点东西。她着凉感冒了,咳嗽得很厉害,打喷嚏而且她喉咙也不舒服。

药剂师:她看医生了吗?

顾客:没有,她觉得只是一个小感冒。

药剂师:她没有发烧吗?

顾客:没有。

药剂师:好的,我们给她开一瓶止咳的糖浆,一些润喉药片,还有一些阿司匹林。如果四五天后没有感觉好转,我建议去看看医生。

对话2:咨询医生

梅菈妮生病了,她看了家庭医生——瓦玛勒医生。

梅菈妮:您好,医生。

医生：噢！我亲爱的病人。您好，梅菈妮！你怎么了？

梅菈妮：我感觉不舒服，我咳得厉害、打喷嚏还流鼻涕。我整天都在擤鼻涕。每天至少要用十包手帕纸。

医生：躺下，我要量量你的血压……110，血压正常。你头疼吗？

梅菈妮：是的。

医生：你发烧了吗？

梅菈妮：是的，我有38.7度。

医生：你哪里有酸痛感吗？

梅菈妮：没有，我觉得没有。

医生：你和其他病人有接触吗？

梅菈妮：我朋友患了流行感冒一直待在家里。

医生：好的。你得了重感冒。你要吃药：每天三次，每次一粒阿司匹林胶囊，还有每天早中晚各一勺糖浆。我加了一些当鼻子堵住的时候可以放在鼻子里的滴剂。这是处方。

梅菈妮：谢谢，医生，诊断费多少钱？

医生：请付20欧元。再见，梅菈妮。

梅菈妮：好的，再见医生。

Corrigés des exercices 习题答案

Leçon 1　Exercices 习题

I. 1. est　2. est　3. est　4. sommes　5. êtes　6. sont　7. sont　8. suis　9. sommes　10. est

II. 1. ai　2. a　3. ont　4. avons　5. avons

III. 1. et　2. est　3. et　4. Et　5. est

IV. 1. un　le　2. les　3. un　4. la　5. le　6. une　La

V. une　une　une　une　une　une　une　un/une　une　un　un　un

VI. la　l'　la　la　le　l'　la　le

VII. 1. Il　2. vous　3. Nous　4. Ils/Elles　5. Tu　6. J'　7. Tu

VIII. des chambres　des clés　des portes　des forêts　des saisons　des jardins　messieurs　mesdames　mesdemoiselles　des ans　des enfants　des oiseaux　des travaux　des fois　des avions

IX. nez / bois / voix / bus / paix / prix / poids / tapis / croix / brebis

Leçon 2　Exercices 习题

I. 1. faire　2. vont　3. a　4. est/sont　5. fais

II. 1. c'est sa maison.　2. ce sont leurs valises.　3. c'est son rouge à lèvres.　4. ce sont leurs professeurs.

III. 1. À　2. de　à　3. à　4. à　5. de　6. À　7. à　de　8. à

IV. quarante-trois　dix-sept　soixante-cinq　soixante-seize　vingt-quatre　neuf　quatre-vingt-huit　vingt-neuf

V. 1. Je n'habite pas à Pékin.　2. Je ne vois pas les clés sur la table.　3. Mon père n'est pas avocat.
　4. Je ne vais pas en cours du lundi au vendredi.　5. Il n'est pas riche, il n'a pas de sous.

VI. son　sa　ses　ses　mon　ma　Mon　ma　Mon　mes　mes

VII. 1. Il y a beaucoup d'étudiants à l'école.　2. Quentin fait ses études à l'Université de Pékin.
　3. Je dois aller à l'école.　4. Je commence à faire les exercices dans dix minutes.
　5. Cette maison est loin de l'école.　6. Tu peux m'excuser?　7. Habite-t-il à Paris, s'il vous plaît ?

VIII. 2. leur　3. leurs　4. ses　5. son　6. leur　7. leurs

IX. 1. Nous n'habitons pas loin d'ici.　2. Tu dois commencer dans dix minutes.
　3. Il ne fait pas de sport.　4. Vous ne fumez pas.　5. Ma sœur a beaucoup d'amis.

X.
1. Marion —— aiment les marques de luxe (奢侈品牌).
2. Je —— fait du ping-pong.
3. Les filles —— pouvons aller ensemble.
4. Nous —— écoutez de la musique (听音乐).
5. Vous —— téléphone(打电话) à Juliette.
6. Sara et moi —— allons au cinéma.

XI. Je m'appelle Quentin, j'ai vingt-cinq ans. Je suis à Paris depuis un an, je suis étudiant à Paris 1. Mon père est médecin, ma mère est professeur(e), ils habitent toujours à Pékin. J'ai un petit frère, mais je n'ai pas de sœur. Mon petit frère a treize ans.

Leçon 3 Exercices 习题

I. 1. 1) apprends 2) apprends 3) apprend 4) apprenons 5) apprenez

2. 1) vois 2) voir 3) voyons 4) voyez 5) voient

3. 1) dois 2) dois 3) doivent 4) devons 5) devez

II. 1. Voilà le professeur de l'école. 2. Voilà les élèves de la classe. 3. Voilà les vêtements du magasin.

4. Voilà la chambre de l'appartement. 5. Voilà les chats des amis.

III. 1. aux 2. à l' 3. au 4. de 5. à 6. de/aux

IV. 1. jolies 2. nouveaux 3. belle 4. professionnelle 5. sympathiques

V. 1. Non 2. Non 3. Si 4. Oui 5. Oui

VI. 1. Comment 2. Où/Comment 3. Pourquoi 4. Que 5. Qui 6. Quand 7. Comment 8. Où

9. Comment/Où 10. Où/À qui

VII. 1. apprends 2. à le au 3. vienst 4. jolie 5. doits 6. manger 7. manger 8. des d'

VIII. 1. Que aiment les enfants ? Qu'est-ce que les enfants aiment ? 2. Où font-ils les exercices ? Où est-ce qu'ils font les exercices ? 3. Qui aime manger gras ? 4. Quand commence le film ? Quand est-ce que le film commence ? 5. Comment s'appelle-t-il ?

IX. 1. voulez 2. veux 3. peux/veux 4. veux 5. peux 6. veut

X. 1. Je viens de manger. 2. Vincent va voir ses parents demain. 3. Le cours commence.

4. Nous allons bientôt partir. 5. Je viens de faire des exercices.

XI. m'appelle suis 'ai suis habite habitons parle jouer allons

XII. 1. Je vais prendre une photo de famille.   Je viens de prendre une photo de famille.

2. Rémi va déménager à Paris.   Rémi vient de déménager à Paris.

3. Ils vont aller chez Pierre.   Ils viennent d'aller chez Pierre.

4. Véronique va faire du shopping aux Galeries Lafayette.

Véronique vient de faire du shopping aux Galeries Lafayette.

Répondez aux questions suivantes selon le texte

a) La bibliothèque se trouve derrière le bâtiment rouge, à côté de la cantine.   b) Christa fait ses études en France.   c) Rien de spécial, elle n'a pas grand-chose à faire.   d) Elle va (participer) à une soirée italienne.   e) Il vient d'Italie, de Milan.

Leçon 4 Compréhension orale 听力练习

I.

	Question	Affirmation
Phrase 1	×	
Phrase 2		×
Phrase 3	×	
Phrase 4	×	
Phrase 5	×	
Phrase 6		×

Corrigés des exercices 习题答案

II. arriver pour faire visiter peu dois

Leçon 4 Exercices 习题

I. 2. Cette ma 3. Ce mon 4. Ces mes 5. Cette ma 6. Ces mes

II. 1) buvons boivent buvez bois boit

    2) veux veut voulons veut veux voulez veulent

III. 1) Ce sont leurs photos. 2) C'est son ordinateur. 3) C'est notre belle maison.

    4) Ce sont vos tickets de ciné. 5) C'est ta valise. 6) C'est leur livre.

IV. 1) c'est à eux. ce n'est pas à eux. 2) c'est à nous. ce n'est pas à nous.

    3) c'est à moi. ce n'est pas à moi. 4) c'est à elles. ce n'est pas à elles.

V. 1) cette 2) ses 3) Ces 4) leurs/ces 5) sa 6) Cet 7) ses/ces 8) Cette

VI. viennent étudiantes font commencent apprendre parlent a viennent manger

VII. 1) Les chaises sont à côté des portes. 2) Il y a des ordinateurs de Bruno sur les tables.

    3) Ce sont des livres à nous. 4) Mylène a des sœurs, elles sont étudiantes.

VIII. 1) Pourquoi il a raison ? / Pourquoi a-t-il raison ? / Pourquoi est-ce qu'il a raison ? 2) Je viens de finir les devoirs. Je suis crevé(e), j'ai envie d'un jus de pomme. (Je veux boire un jus de pomme) 3) Il va bientôt pleuvoir, il préfère rester. 4) Pour le bien-être au quotidien, ma grand-mère (mamie/mémé) ne mange pas gras. 5) Mon père aime faire du sport, il aime aussi faire du yoga. (Mon père aime faire du sport et du yoga). 6) Tu as raison, ce travail n'est pas facile. 7) Il fait beau, il vaut mieux rester et dîner avec nous. 8) Le sport est important, ce n'est pas bien de toujours rester devant l'ordinateur. 9) A force d'être courageux, il travaille mieux. 10) Je connais Thomas, il est souvent en bon état.

IX. 1. A 2. C 3. B 4. C 5. B 6. C

X. 1. finissons 2. choisissez 3. applaudissent 4. finis

XI.

	partir (出发, 开始)	dormir (睡觉)
Je	pars	dors
Tu	pars	dors
Il/Elle/On	part	dort
Nous	partons	dormons
vous	partez	dormez
Ils/Elles	partent	dorment

Répondez aux questions suivantes selon le texte

a) B b) A c) A d) B

Palier 1 阶段复习 1

I. nous vous ils/elles vous ils/elles nous tu vous je il/elle ils/elles il/elle

II. 1. Les amies de Christine habitent à Nice. 2. Les photos de mariage de Mari sont là. 3. Ce sont les livres des professeurs. 4. Elles parlent d'ordinateurs IBM. 5. Vous ne devez pas toujours rester devant les ordinateurs.

III. 1. zéro cinq trente-trois vingt-six quatre-vingt-sept soixante-quatre
　　2. zéro six cinquante-deux quatre-vingt-dix-sept quatre-vingt-huit douze
　　3. cinq cent cinquante mille　soixante-six millions huit cent quatre-vingt-seize mille　vingt-deux quatre-vingt-seize
IV. 1. la　2. le　3. un　4. des　des　5. la　6. un　les　7. une　8. l'
V. 1. faites　2. font　vont　3. suis　4. prennent　5. faire　6. prends　7. suis　8. ont　9. prendre　10. avons
VI. 1. partez　2. allons　3. va　4. partent　5. pars
VII. 1. C'est　2. Il y a　3. C'est　4. C'est　5. Il y a　6. C'est
VIII. 1. Est-ce que　2. Qu'est-ce que　3. Qu'est-ce que　4. Est-ce qu'　5. Qu'est-ce qu'
　　6. Qu'est-ce que/Est-ce que　7. Est-ce que　8. Qu'est-ce que
IX. 1. Où est-ce que vous habitez ?　2. Qu'est-ce que vous faites ?　3. Est-ce que vous êtes célibataire ?
　　4. Avec qui est-ce que vous mangez ?　5. Pourquoi vous habitez/travaillez à Paris ?
　　6. Quand est-ce que vous allez partir ?　7. N'avez-vous pas d'enfants/Vous n'avez pas d'enfants ?
X. Mon　mes　mon　mes　leur　leurs
XI. 1. nous n'avons pas de problèmes.　2. il n'a pas beaucoup d'amis.　3. je n'aime pas le café.
　　4. il n'a pas de cousins.　5. je ne bois pas de café.
XII. 1. facile　facilement　2. gentile　gentilment　3. spacieuse　spacieusement　4. simple　simplement
　　5. spéciale　spécialement　6. certaine　certainement　7. normale　normalement　8. libre　librement
XIII. 1. de l'　2. des　3. aux　4. du　5. au　6. à　7. en　8. au　9. à l'　10. de
XIV. 1. en　2. en　3. à　4. dans　5. aux　6. à　7. avec　8. pour　9. À 10. au　à　11. devant/derrière/à côté de/près de　12. sur　13. jusqu'au　14. pour　15. sur
XV. 1. N/A　2. N/A　3. N/A　4. N/A　5. N/A　6. N/A
XVI. 1. Candon/Guangdong est dans le sud de la Chine.　Candon/Guangdong se trouve dans le sud de la Chine.　2. Je n'ai pas de temps ce soir.　3. Tu ne dois pas toujours avoir des excuses.　4. Je reste à Paris pour (faire) mes études.　5. L'arrêt de bus est un peu loin de mon appartement.
XVII. N/A

Leçon 5　Compréhension orale

I. 1. VRAI　2. VRAI　3. FAUX　4. FAUX　5. FAUX　6. FAUX
II. 1. 8 ans　12 ans　2. A　B　3. B　4. B

Leçon 5　Exercices

I. 1. prends　2. prennent　3. faisons　4. prend　5. prenez　6. faire　7. prendre　8. prendre　9. faire　10. fait　11. prendre　12. fais
II. 1. je n'en ai pas　2. elle en prend　3. Il va en donner　4. il en met assez dans le bol　5. Nous allons en prendre une　6. il n'en mange pas
III. 1. a　2. c　3. d　4. e　5. b
IV. 1. sais　2. connaissent　3. sait　4. savez　5. connaissons　6. sais
V. 2. une　aux　3. des　aux　4. aux　5. des　à l'　6. des　au　7. un　au　8. une　a la　9. des　à la

Corrigés des exercices 习题答案

VI. 1. quelle   2. Quels   3. quel   4. Quels   5. quelle   6. Quelle

VII. 1. Quelle belle journée !   2. Quelle chance !   3. Quel homme !   4. Quelle bonne nouvelle !
     5. Quel plaisir !   6. Quels idiots !   7. Quels mots utilisés en français !

VIII. 1. Oui, il y en a un sur le bureau.   2. Oui, j'en ai quelques-uns.   3. Oui, j'en connais certains.
      4. Oui, il y en a.   5. Oui, j'en prends souvent.   6. Non, ils n'en parlent pas souvent.
      7. Oui, j'en ai. Et j'en ai deux.

IX. 1. Quel ordinateur préfères-tu ?   2. Quelle est son adresse ?   3. Quel est le nom de famille de ton mari ?   4. Quel âge a ton tonton ?   5. Dans quelle école étudie(travaille)-t-il ?

X. 1. Nous en visitons souvent.   2. Vous en achetez une par téléphone.   3. Je n'en fais pas.   4. On n'en écoute pas beaucoup.

XI. 1. du   2. les   3. le   4. une   5. Le   6. les   7. un   8. du   9. du   10. de la   11. de la   12. de la   13. de l'   14. au   du   de la   des   du   de la

XII. 1. le   du   2. le   du   3. la   de la   4. le   du   5. le   du   6. le   du   7. la   de la

XIII. faire   entreprise   y   chance   en   de   à   pars/vais   y

Répondez aux questions suivantes selon le texte

1) Ils partent à côté d'Alicante, en Espagne.   2) B
   Justification : Il part avec sa femme et ses enfants.
3) E   4) B
   Justification : Il vont aller dans une résidence secondaire.
5) Dans deux semaines.   6) A
   Justification : Elle aimerait bien mais malheureusement elle doit travailler.

Leçon 6   Compréhension orale

I. Clotaire: a 24 ans; est étudiant; Anaïs: est espagnole; est étudiante.
II. 1. A   2. B   3. C   4. D   5. B   6. A   7. 16/ mai / 1986   8. B

Leçon 6   Exercices 习题

I. 1) Quel temps fait-il ? Il fait comment ?   2) Quelle heure est-il ?   3) Quelle date sommes-nous ?
   4) Quel jour sommes-nous ?   5) Il fait comment à la montagne ?/ Quel temps fait-il à la montagne ?
   6) En quelle année sommes-nous ?   7) En quelle saison sommes-nous ?   8) Quel mois sommes-nous ? En quel mois sommes-nous ?

II. 1) voit   2) regarder   3) voir   4) Regarde/ Regardez
III. 1. B   2. C   3. B   4. A   5. B   6. C   7. B   B   8. A
IV. 1. je n'y pense pas souvent.   2. je m'y intéresse/nous nous y intéressons.   3. ils y arrivent.   4. j'y fais attention/nous y faisons attention.   5. on ne peut pas y aller.
V. 1. faut   2. Va   3. a   4. fait   pleut/neige   5. a   6. pleut/neige   7. est   8. vaut
VI. 1. dix-sept heures et demie.   2. six heures dix.   3. neuf heures et quart.   4. dix heures moins le quart.   5. dix-huit heures vingt-cinq.   6. midi et demi.   7. minuit et quart.
VII. 1. suis en train de réviser/faire des exercices/faire mes devoirs/travailler...
     2. est en train de réviser/préparer son examen/travailler...

3. est en train de jouer au foot(ball).

4. sont en train de jouer/danser/faire du sport/s'amuser...

VIII. 1. Écoute-moi !   2. Offrons des cadeaux aux enfants !   3. Ne rentrez pas à la maison avant 7 heures.   4. Ne mange pas trop de fruits !   5. Passons chez les Dupont tout de suite !   6. Marchez plus vite !   7. N'aie pas peur de lui !   8. Soyons courageux !

IX.

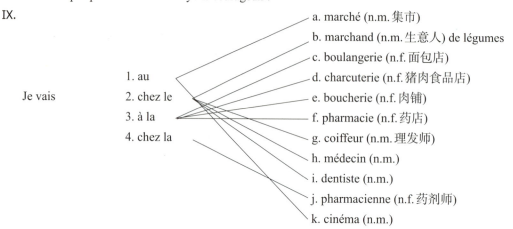

Les prépositions « à » ou « chez »? As-tu trouvé leur différence ? 介词à还是chez? 你发现它们的区别了吗？

au/à la + 店铺/市场; chez + 人/职业

X. 1. Ne viens pas, reste !   2. N'acceptez pas, refusez !   3. Ne restez pas à la maison, allez au restaurant !   4. Ne vas pas à la mer, fais du jogging !   5. Ne travaille pas, joue !   6. Ne buvez pas, mangez !   7. Ne regarde pas la F1, regarde le match de foot !

XI. 1. il y a   2. il y a   3. il a   4. Il y a   5. il a

XII. 1. Il fait   2. Il fait   3. Il   4. Il   5. Il fait   6. Il fait   7. Il fait   8. Il fait   9. Il fait   10. Il fait

XIII. 2. Ils y vont souvent.   3. Nous y allons souvent.   4. Vous y allez souvent.   5. Il y va souvent.   6. Ils y vont souvent.

XIV. 1. Oui, j'y joue depuis mon enfance.   2. Oui, nous y allons souvent. Notre restaurant préféré s'appelle « Le Panda ».   3. Oui, ils y habitent depuis 2017.   4. Oui, elle y reste parce qu'elle aime bien la Suisse.   5. Oui, je vais y passer après mon petit-déjeuner.   6. Oui, elle y joue. Elle adore le tennis.

Vrai ou faux ?

a) B

Justification : Elle se dépêche pour être à l'heure à son rendez-vous.

b) A

Justification : Sa grossesse se passe bien.

c) B

Justification : Il n'y a pas eu de pluie depuis notre arrivée.

d) A

Justification : « Tout se passe bien en France ? Oui, nous allons bien. »

Corrigés des exercices 习题答案

Répondez aux questions suivantes d'après le texte.

1) Elle se dépêche parce qu'elle est déjà en retard.   2) Pour passer des vacances.   3) Oui, elle passe de très bons moments en Espagne.   4) Ils se baignent dans la piscine du camping ou à la mer.

Faites les phrases d'après l'exemple.

1) Elle reçoit un cadeau d'anniversaire de son cousin. 她收到了她堂兄的生日礼物。

2) J'ai besoin de ton aide. 我需要你的帮忙。

3) Ils ont besoin de partir. 他们要走了。

4) Vous rendez l'argent à ma petite sœur. 你们把钱还给我妹妹。

5) Le sport profite au bien-être au quotidien. 运动有利于日常健康。

6) Nous profitons de nos études françaises. 我们从我们的法语学习中受益。

Leçon 7   Compréhension orale

I.

La personne est	contente	n'est pas contente
Dialogue 1		×
Dialogue 2	×	
Dialogue 3		×
Dialogue 4	×	
Dialogue 5		×
Dialogue 6		×

II. 1. B   2. 1) B   2) B   3. A   4. B   5. A

Leçon 7   Exercices 习题

I.

me	te	se	nous	vous
Je	Tu	Ils, Mes amis, Elle, On, Les professeurs, Sophie et Paul	Nous, Mon frère et moi	Vous

II. 1. se lève   2. te réveilles   3. se maquillent   4. nous promenons   5. se rase   6. me couche

  7. s'endorment   8. vous brossez

III. 1. m'appelle   被动、自反都可   2. se voient   相互   3. s'écrit   被动   4. nous écrivons   相互

  5. se parle   自反   6. vous occupez   绝对   7. se regarde   自反   8. se situe   被动

  9. se dispute   相互   10. se vendent   被动

IV. me réveille   se lave   se rase   se prépare   prépare   se lever   réveille   habille   dis   se dépêcher   nous assoyons   prenons   s'en vont   promène   s'amusent   s'entendent   se coucher   endormir   voir

V. 1. du   des   2. du   3. du   du   de la   4. du   5. de la   de la   6. des   7. des   des   8. du   du

  9. du   du   10. de la   du   11. du   12. de la   13. du   14. des   15. du   16. du

VI. J'écoute ——————————————— du temps libre ensemble.
    Elle trouve ——————————————— de manger trop de chocolat.
    Nous passons ——————————————— de la musique.
    Vous évitez ——————————————— ta chambre avec ton frère.
    Tu partages ——————————————— un secret de son copain.
    Il finit ——————————————— son travail.

VII. Tu penses à ——————————————— sa rose.
    Nous jouons ——————————————— au football.
    Le petit prince s'occupe de ——————————————— prendre un rendez-vous avec le dentiste.
    On n'a pas peur (害怕) de ——————————————— mes parents.
    Je n'écris pas souvent à ——————————————— son institutrice (小学老师).
    Elle dit bonsoir aux ——————————————— invités.

VIII. 1. je l'ai/ nous l'avons.   2. je ne la regarde pas souvent.   3. je ne les connais pas bien.
    4. je les mets/ je vais les mettre dans la maison.   5. ils ne vont pas le trouver.

IX. 1. elles ne leur téléphonent pas souvent.   2. je dois/nous devons lui répondre.   3. elle ne leur parle
    pas.   4. ils leur plaisent.   5. je fais attention à lui.

X. 1. Ils le rencontrent.   2. Vous les remerciez.   3. Je l'appelle.   4. Je lui demande.
    5. Nous leur sourions toujours.   6. Cela lui plaît beaucoup.   7. La mère la prépare.
    8. Elles le font à Anne Hathaway pour son anniversaire.
    Elles lui font ce cadeau pour son anniversaire.
    Elles le lui font pour son anniversaire.

XI. 1. la   2. l'   3. lui   4. lui   5. lui   6. le   7. leur   8. la   9. leur

XII. 2. Ne lui téléphone pas si vite !   3. Change-les !   4. N'y restez pas !   5. Vas-y !   6. Donne-les-lui!
    7. Finissez-les !   8. N'en ayez pas peur !

XIII. N/A

Répondez aux questions suivantes d'après le texte.

1) Oui, il le fait souvent au parc à Lancaster

2) Oui, il l'aime, car le sport est important pour la santé et l'aspect social.

3) Oui, il les fait souvent.

4) Parce que l'entraînement intellectuel est aussi important pour rester en forme.

5) Il fait des mots croisés, il joue aux échecs et aux dames. Et il lit de temps en temps.

Leçon 8   Compréhension orale

Conversation n°1
1. B   2. B   3. A

Conversation n°1
1. B   2. une semaine   3. B   4. B   5. A

Leçon 8   Exercices 习题

I. votre   Le mien   son   le sien   mon   le tien   votre   la mienne   leur   le vôtre

Corrigés des exercices 习题答案

II. 1. le sien 2. les siens 3. le nôtre 4. le leur 5. la mienne 6. les leurs 7. les siennes 8. les nôtres

III. 1. ai eu 2. as eu 3. n'avez pas eu 4. n'avons pas eu 5. a eu

IV. 1. avons été 2. avez été 3. n'ont pas été 4. 'ai été 5. as été

V. 1. a fait 2. avons pris 3. n'a pas fallu 4. a connu 5. a vécu 6. avez lu 7. ont suivi 8. n'as pas reçu 9. Ai dit 10. a déjà su

VI. 1. Sont allées 2. suis sorti(e) 3. ne sommes pas entrés(es) 4. tombée 5. es-tu revenu(e) 6. est morte 7. n'est pas encore arrivé 8. y êtes restés(es) 9. est devenu 10. n'est pas encore née

VII. sommes montés(es) 'ai monté ont sorti sont sortis est rentrée a rentré 'ai descendu ne suis pas descendu(e)

VIII. 1. s'est lavé 2. s'est rasé 3. Vous êtes promenés(es) 4. s'est souvenue 5. s'est suicidé 6. s'est vendu 7. ne se sont pas dit 8. se sont rencontrés 9. ne nous sommes pas écrit

IX. 1. toute la soirée 2. Le matin 3. La soirée 4. la journée 5. la soirée 6. Ce matin 7. la matinée 8. Le soir

X. 1. sont partis 2. a acheté 3. a cherché 4. n'en ai jamais parlé 5. a vécus 6. sont rentrés 7. est entrée 8. 'ai vus 9. 'ai entendue 10. ai préparées 11. avez passé 12. est passée

XI. 1. s'est couchée 2. se sont vus 3. s'est souvenue 4. nous sommes fait plaisir 5. ne s'est pas vendue 6. se sont disputés 7. s'est lavée 8. s'est lavé 9. s'est fait 10. se sont téléphoné

XII. N/A

Répondez aux questions suivantes d'après le dialogue A.

I. Avoir de la fièvre   Avoir mal à la gorge   Éternuer   Tousser

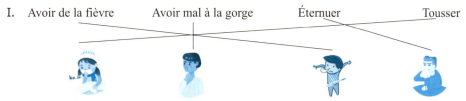

II. 1) B 2) B 3) B 4) A

III. 1) à 2) à 3) d' 4) dans

Répondez aux questions suivantes d'après le dialogue B.

IV. Elle a un bon rhume.

V. Un cachet d'aspirine trois fois par jour, une cuillerée de sirop matin, midi et soir, et des gouttes à mettre dans le nez quand il est bouché.

VI. Vamal est le médecin de famille de Mélanie.

VII. Faux.

VIII. 1) A 2) B 3) A 4) C 5) A

Palier 2 阶段复习 2

I. allons viens partez va/part partir/venir pars/viens

II. 1) aime/a aimé 2) s'aiment/se sont aimés 3) me couche/me suis couché(e) 4) couche/a couché 5) téléphone/ai téléphoné 6) nous téléphonons/nous sommes téléphoné

III. 1—b 2—a 3—d 4—c 5—g 6—f 7—i 8—e 9—h

IV. 1. soixante 2. vingt-quatre 3. trente 4. quart (d'heure) 5. minuit 6. Du au de à

V. Il part dans 24 heures. — la semaine prochaine
   Nous partons dans quinze, vingt minutes. — tout de suite
   Je pars maintenant. — bientôt
   Vous partez dans une semaine. — demain
   Elle va partir. — à l'instant
   Il part dans deux minutes. — dans un instant
   Elles partent dans un mois. — le mois prochain

VI. un un des de l' des un des de la une d' un de une d'

VII. 1. s'habiller 2. venir manger 3. poser 4. s'ennuyer 5. commencer 6. consulter

VIII. 1. ans 2. journée 3. matinée 4. année 5. ans 6. soirée 7. ans 8. ans

IX. a reçu a parlé s'est préparée est partie est entrée a attendu n'est pas venu a appelé a demandé a mangé est sortie a pris est retournée est sortie est allée a vu a beaucoup aimé.

X. 1. trop 2. très 3. très 4. trop 5. trop 6. très

XI. 1. Comment est-ce que vous êtes revenu(e)(s)(es) ?   2. Où est-ce que vous êtes allé(e)(s)(es) ?   3. Combien de temps est-ce que vous êtes resté(e)(s)(es) ?   4. Qu'est-ce que vous avez bu ?   5. Pourquoi est-ce qu'ils sont rentrés tôt ?   6. Quand est-ce qu'il est retourné ?   7. À qui est-ce qu'il a parlé ?

XII. 2. →Il s'y amuse.   3. →Ils en ont envie.   4. →Mon oncle y vit.   5. →Pierre y est allé.   6. →Les filles en ont besoin.   7. →Nous y avons beaucoup d'ami.   8. →Les jeunes filles s'y intéressent beaucoup.

XIII. me vous vous l' la les les lui m'

XIV. 1. me suis levé(e) 'ai pris suis sorti(e) 2. suis allé(e) 3. n'ai pas 4. a terminé 5. ont vécu 6. 'attends n'ai pas fini 7. 'ai pris 8. 'ai dîné 9. est né 10. ne peux pas n'ai pas encore terminé

XV. 1. Achète-les.   2. Il va en retirer.   3. Je n'en ai pas.   4. Fais-y attention.   5. Tu ne peux pas en parler.   6. Je le cherche.   7. Il l'a eu.   8. Il en a eu une.   9. Elle n'y est pas allée.   10. Marie pense à lui.   11. Je leur rends la monnaie.   12. Vous allez les appeler ?

XVI. 1. 'ai préparée 2. sont rentrées 3. sont revenus 4. sont montés 5. 'ai achetés 6. s'est promenée 7. se sont mariés 8. avons rencontrés 9. avons mangé 10. 'ai reçue 11. se sont faites

XVII. 1. oublié∅ 2. baignés 3. acheté∅ 4. vue 5. tombée 6. passées 7. donné∅ fait∅

XVIII. 1. Regardes-en n'en regarde pas 2. Vas-y n'y va pas 3. Prends-en n'en prends pas 4. Parle-lui ne lui parle pas 5. Entres-y n'y entre pas 6. Restes-y n'y reste pas

XIX. 1. C 2. D 3. A 4. A 5. B 6. A 7. A 8. D 9. B 10. B

Transcription de la comprehension orale 听力文本

Leçon 4

I. 1. Mathieu va à l'école ?

2. Je ne peux pas venir avec toi.

3. Chloé, c'est la jeune femme en bleu ?

4. Le train va bientôt arriver ?

5. Marie a déjà 25 ans ?

Corrigés des exercices 习题答案

6. Je n'aime pas faire la cuisine.

II. —Bonjour Madame !

—Bonjour Monsieur ! Je viens d'arriver à Paris. Je suis ici pour un jour, qu'est-ce que vous me conseillez (建议) de faire ?

—Un jour ! Voyons voir… Un jour pour visiter Paris, c'est très peu !

—Oui, je sais (知道) mais je dois repartir en Belgique vendredi.

—Vous pouvez visiter la tour Eiffel et les Champs-Élysées, déjeuner (用午餐) dans un restaurant près de l'arc de triomphe puis visiter les Invalides.

—Très bien. Merci, Monsieur.

Leçon 5

I. 1. Cette robe me plaît !

2. Mon frère travaille beaucoup.

3. Ma mère a 55 ans.

4. Louise est contente de ton travail ? —Pas du tout.

5. Tu veux un jus de pomme ? —(Monsieur) Je préfère un jus d'orange est mieux.

6. J'habite à Paris maintenant, mais je vais bientôt déménager.

II. 1. J'ai deux enfants: une fille de 12 ans et un garçon de 8 ans.

2. Paul et Céline doivent venir dîner ce soir.

3. —Est-ce que vous être Française ?

—Non, je suis Belge. Et vous ?

—Je suis Italien.

4. —Tiens, Inès n'est pas là ? Elle est à la maison ?

— Non, elle est en vacances. Elle revient vendredi.

Leçon 6

I. 1. Bonjour, je m'appelle Clotaire. J'ai 24 ans. Mon père travaille dans un cabinet d'avocat, ma mère est journaliste. Et moi, je fais mes études à Lyon.

2. Et moi, je suis Anaïs. Je viens d'Espagne pour apprendre le français.

II. 1. —Excusez-mois, monsieur. Avez-vous l'heure s'il vous plaît ?

—Oui, bien sûr. Il est midi et quart.

2. —On déjeune ensemble ce midi ?

—Non, malheureusement j'ai un rendez-vous à 11 heures et demie.

3. —Dis-donc, ce n'est pas l'anniversaire d'Adrien aujourd'hui ?

—Mais non, on est le 14 février. Son anniversaire est le 15.

4. Le train n°2896 à destination de Bordeaux affiche un retard de 3h.

5. On dîne ensemble ? jeudi ou vendredi ?

Jeudi ce n'est pas possible, j'ai beaucoup de travail. D'accord pour vendredi.

6. —Bon, je dois y aller. En cas de besoin, vous pouvez me contacter au 06 35 62 78 97.

7. —Pouvez-vous me donner votre date de naissance ?

—Oui, le 16 mai 1986.

8. —Ils ont des enfants ?

　　　—Oui, deux filles. Mais ils veulent aussi un garçon.

Leçon 7

I. 1. —Le café sent super bon, tu veux goûter ?

　　　—Non, merci. Trop sucré pour moi.

2. —Je peux t'aider ?

　　　—Oh, merci. C'est très gentil.

3. —On peut dîner ensemble samedi ?

　　　—Je ne suis pas disponible ce week-end.

4. —Cette robe te va très bien !

　　　—Merci.

5. —Je suis trop fatiguée. J'ai trop de travail.

6. —Il neige beaucoup dehors, il vaut mieux rester à la maison.

　　　— Oui, il fait mauvais.

II. 1. Sandra n'est pas là, elle va au théâtre avec sa copine.

2. —Allô ! C'est toi Antoine ?

　　　—Non, ici c'est Georges.

　　　—Votre numéro est bien le 01 45 14 36 28 ?

　　　—Non, c'est une erreur.

　　　—Ah ! Je suis désolée.

3. —Quand est-ce qu'ils arrivent ?

　　　—Demain matin. Je pense.

4. Salut Isabelle. C'est Sandrine. J'ai plein de choses à te dire… est-ce que tu veux venir manger à la maison jeudi ?

5. Salut, Sébastien. C'est Nicolas. Nous sommes le premier janvier, alors je t'appelle pour te souhaiter une bonne année.

Leçon 8

Conversation n°1

—Dame : Excusez-moi, monsieur. J'aimerais aller à Nice. Est-ce qu'il y a un train cet après-midi ?

—Monsieur : Ah, non, je suis désolé, mais demain matin si vous voulez…

—Dame : Oui, à quelle heure est le départ ?

—Monsieur : Vous partez à 7h56 ou vous arrivez à Nice à 15h10. C'est un TGV.

—Dame : D'accord. Est-ce qu'il reste des places en seconde classe, s'il vous plaît ?

—Monsieur : Un instant, je vérifie… Oui, il reste des places… Je fais la réservation.

Conversation n°2

—Bonjour, est-ce que je peux vous renseigner ?

—Oui, s'il vous plaît. J'aimerais aller en Grèce, sur l'île de Santorin, pour une semaine.

Corrigés des exercices 习题答案

—Quand voulez-vous partir ?
—En juillet ou en août. Quel temps fait-il à cette époque ?
—En Grèce, il fait toujours très beau et très chaud en été.
—Pour l'hébergement, qu'est-ce que vous conseillez ?
—Vous pouvez aller à l'hôtel ou chez l'habitant, c'est un peu moins cher.
—Vraiment, c'est une bonne idée, ça me plaît bien.
—Vous voulez réserver maintenant ?
—Oui, c'est d'accord.
—Je réserve donc une semaine chez l'habitant. Quand voulez-vous partir ?
—Vers le 10 juillet si possible.
—C'est bon. Il y a encore quelques possibilités à cette date. Ça vous fait 227 euros pour une semaine. Je vous prépare la facture tout de suite.